catchphrase 2
cwrs uwch i ddysgwyr:
an advanced course for learners

catchphrase 2

**cwrs uwch i ddysgwyr:
an advanced course for learners**

gan : by

Basil Davies

Uwch Ddarlithydd / Senior Lecturer
Politechnig Cymru, Pontypridd

*Seiliwyd y teitl ar y gyfres ar Radio Wales
ac fe'i defnyddiwyd gyda chaniatâd y B.B.C.
The title is based on the series on Radio Wales
and it is used with the permission of the B.B.C.*

1984

Sain (Recordiau) Cyf.
Llandwrog   Caernarfon   Gwynedd
(0286) 831-111

CATCHPHRASE 2

©1984 Basil Davies
All rights reserved.

No part of this publication may be reproduced, stored in a retrieval system, or transmitted, in any form or by any means, electronic, mechanical, photocopying, recording, or otherwise, without the prior written permission by the publisher.

ISBN 1-57970-331-3 Text and Cds
      0-88432-399-4 Text and Cassettes
      0-88432-566-0 Text

This edition published by AudioForum,
One Orchard Park Road, Madison, CT 06443 USA
www.audioforum.com

Printed in the United States of America.

Cynnwys : Contents

	Tud./Page
Rhagair : Foreword	vii
Sut i ddefnyddio'r cwrs : How to use the course	ix
Byrfoddau a Diffiniadau : Abbreviations and Definitions	xi
Gwers 21 Yn yr Amgueddfa Werin : At the Folk Museum	1
Gwers 22 'Fy Newis i' : 'My Choice'	11
Gwers 23 Gwneud oed : Making a date	19
Gwers 24 Mam fusneslyd! : An inquisitive mother!	29
Gwers 25 Dyffryn yn y Gogledd : A valley in the North	39
Gwers 26 Dydw i ddim yn cael! : I'm not allowed to!	47
Gwers 27 Ydych chi'n adnabod . . . ? : Do you know . . . ?	57
Gwers 28 Gelert, ci Llywelyn : Gelert, Llywelyn's dog	67
Gwers 29 Yr Urdd a Syr Ifan : The Urdd and Sir Ifan	79
Gwers 30 Nadolig Llawen! : A Merry Christmas!	91
Gwers 31 Gair at bob achlysur : A word for every occasion	103
Gwers 32 Dyma'r Newyddion . . . : Here is the News . . .	113
Gwers 33 Pa drefn? : Which order?	123
Gwers 34 Cwyno ac Ymddiheuro : Complaining and Apologising	133
Gwers 35 Diddordebau : Interests	139
Atodiadau : Appendices	145
Atebion : Key to the Exercises	151
Geirfa : Welsh Vocabulary list	175
Mynegai : Index	181

Rhagair : Foreword

This 'Catchphrase' course, which takes its name from the popular Radio Wales Welsh language lessons, has been prepared for advanced learners who already have a sound grasp of the basics of the language and who have mastered **Catchphrase 1**. Vol. 1 gave the absolute beginner a general idea of the structure of the language; Vol. 2 builds upon that foundation and the more advanced learner is introduced to the finer aspects of the language. Indeed, the main features of the Welsh language are used in this second volume, whilst the content reflects recent ideas in language teaching.

Again, the emphasis is upon speaking Welsh rather than speaking about it and an attempt has been made to write explanations in clear, non-grammatical terms.

Mae'r gyfrol wedi gweld golau dydd oherwydd cefnogaeth nifer o bobl, ac mae'n bleser gen i ddiolch:

—i'r B.B.C. am ddarparu'r gyfres radio ac yn arbennig i'r Uwch-Gynhyrchydd Dewi Smith am ei gefnogaeth o'r cychwyn cyntaf.

—i'r dysgwyr, Dan Damon, Sylvia Horne, Bob Atkins a Carol Watkins am fentro dysgu Cymraeg ar yr awyr.

—i'r cynhyrchydd presennol, Siân Lloyd am ei diddordeb a'i brwdfrydedd.

—i Cen Williams am ddilyn cyfarwyddiadau mor ofalus a llwyddo i dynnu lluniau a fydd, gobeithio, yn hwyluso'r dysgu.

—i Wasg Gomer am eu gwaith trylwyr.

—i Gwmni Sain am fod mor barod i fentro cyhoeddi unwaith eto.

Mae arnaf ddyled arbennig i'm cyd-gyflwynwyr ar y rhaglen radio. Derbyniais lawer awgrym gwerthfawr gan Cennard Davies ac fe'm hachubwyd droeon rhag cymryd camau gwag.

Bu Ann Jones mor garedig â darllen y proflenni a gwneud hynny gyda'i gofal a'i thrylwyredd arferol.

Wrth ddiolch i Cennard ac Ann mae'n rhaid i fi bwysleisio taw fi'n unig sy'n gyfrifol am unrhyw ddiffygion sy'n aros.

Sut i ddefnyddio'r cwrs : How to use the course

Your course consists of: a coursebook, recordings on cassettes.

The part 2 handbook consists of 15 units each containing a dialogue or snatches of dialogue, explanations of the main patterns used and carefully graded exercises which will help you to master the main grammatical points. The language is based on the recommendations of the booklet **Cymraeg Byw 3** which sets out a form of standard spoken Welsh which is understood and accepted in all parts of Wales. Any major regional variations have been noted.

You might find the following hints useful when using this course:

1. Listen to the recording of the dialogues several times *without* looking at the handbook. You won't understand everything that is said but you will get used to the sounds of the language.
2. Now listen to the recordings, following the text in the handbook. After doing this once or twice try reading the text with the recording.
3. Look at the translation of the dialogue. Try to understand the meaning of each phrase and sentence.
4. Continue to listen until you understand each sentence as you hear it. Repeat the sentences aloud, trying to achieve the same speed and rhythm of the recording itself.
5. Start working carefully through each lesson. Be creative when learning the vocabulary by (i) trying to define in Welsh the meaning of the words (ii) using them in a different context to the lesson (iii) associating each new word with words that you already know.
6. Take your time to complete the exercises. Try and do the exercises *without* looking at the coursebook. It is important that you read the exercises and answer them *loudly,* since your ears might be aware of an error in your replies that your eyes haven't observed.
7. After completing an exercise check your answers by turning to the back of the handbook. Don't proceed to the next exercise until you have completed the assignment correctly and mastered thoroughly the language point being taught.
8. After completing the whole lesson listen again to the dialogue and be prepared to stop the tape:
   (i) in mid-sentence and *you* complete the next sentence (as in the text) from memory!
   (ii) at the end of a key sentence and *you* complete the next sentence (as in the text) from memory!
   (iii) at the end of a key sentence by a person and *you* form a different response to what is given in the text.
   (iv) after a new word and try to define in Welsh the meaning of that word.

It is important to develop good habits in learning a language.
1. Learn a little each day. Ten minutes a day is far better than three hours once a week.
2. Use what you have learned. If you don't have a Welsh-speaking friend or neighbour use your tape for practice. Even talking to yourself or to a dog or cat can be very useful. Imagine that you are in a particular situation and use the appropriate phrases. If you can persuade someone else to learn with you, so much the better. Learning together is easier than learning alone.
3. Don't expect to learn each new word after hearing it once only. Learning vocabulary takes time and the best way to learn words is by using them in sentences.
4. Listen to the radio and watch any Welsh language television programmes. News bulletins are especially useful as you will have a rough idea of the content of the items if you have already heard the English version of the news or have read a newspaper. Initially it isn't important for you to understand every word.
5. And finally, a warning. At times you will feel that you aren't making progress and might even feel like giving up. At such times be resolute and stick to your task. Remember the Welsh proverb,

Dyfal donc a dyrr y garreg. (It's steady tapping that breaks the stone.)

Pob hwyl!   Good luck!

Byrfoddau a Diffiniadau : Abbreviations and Definitions

a.m.	—	aspirate mutation
f	—	feminine noun
fam.	—	familiar form
lit.	—	literally
m	—	masculine noun
m/f	—	gender of the noun varies according to region
n.m.	—	nasal mutation
N.W.	—	form used in North Wales
pl.	—	plural form
singl.	—	singular form
s.m.	—	soft mutation
S.W.	—	form used in South Wales
L21, N3a	—	refers to Lesson 21, Note 3a in **Catchphrase 2**
p. 148, N2c	—	refers to page 148, Note 2c in **Catchphrase 1**

The nouns are given in their singular form first. Many nouns form their plurals by adding an ending, e.g. *ardal-oedd,* i.e. *ardal* is the singular form and by adding the plural ending *-oedd,* the word *ardaloedd* is formed. Sometimes the plural form of the noun is such that it is necessary to give the whole of the plural form in brackets, e.g. *gwestai (gwesteion).*

Gwers 21   Yn yr Amgueddfa Werin : At the Folk Museum

Gwrandewch:

(Fe aeth Anwen a Geraint i Amgueddfa Werin Sain Ffagan dro'n ôl.)

Geraint: Cystal i ni brynu llawlyfr, yntê?
Anwen: Ie, wrth gwrs. Mi fydd o'n werth y pres, rydw i'n siŵr. Mi fedrwn ni ddarllen am yr adeiladau a'r dodrefn wedyn.

* * * * *

Anwen: Cyn i fi fynd i unman mi hoffwn i gael cwpanaid o goffi. Mae tŷ bwyta yma, on'd oes?
Geraint: Oes. Mae arwydd 'Tŷ Bwyta' yn syth o'n blaen ni.

* * * * *

(Ar ôl coffi . . .)

Anwen: I ble awn ni'n gyntaf?
Geraint: Hoffet ti weld bwthyn Llainfadyn yn gyntaf gan dy fod di'n dod o'r un ardal ag o? Ar ôl i ni fod yno, beth am ymweld â'r felin wlân?

* * * * *

(Ac aeth Geraint ac Anwen i weld Bwthyn Llainfadyn.)

Geraint: Mae o mor naturiol yma, yn edrych fel petai o wedi bod yma erioed. Pryd cafodd o ei adeiladu?
Anwen: Wn i ddim. Mi edrychaf i yn y llawlyfr . . . 'Adeiladwyd yn 1762', mae o'n dweud.
Geraint: Pryd cafodd o ei symud o Rostryfan?
Anwen: Dydy'r llawlyfr ddim yn dweud.

* * * * *

(Anwen and Geraint went to Saint Fagans' Folk Museum a while ago.)

Geraint: We might as well buy a handbook, hadn't we?
Anwen: Yes, of course. It will be worth the money, I'm sure. We can then read about the buildings and the furniture.

* * * * *

Anwen: Before I go anywhere I would like to have a cup of coffee. There is a café here, isn't there?
Geraint: Yes. There's a sign 'Café' straight ahead of us.

* * * * *

Gwers 21

(After coffee ...)

Anwen: To where shall we go first?
Geraint: Would you like to see Llainfadyn cottage first since you come from the same area? After we have been there, what about visiting the woollen mill?

* * * * *

(Anwen and Geraint went to see Llainfadyn Cottage.)

Geraint: It is so natural here, looking as if it had always been here. When was it built?
Anwen: I don't know. I'll look in the handbook ... 'Built in 1762', it says.
Geraint: When was it moved from Rhostryfan?
Anwen: The handbook doesn't say.

1 Geirfa

a)
adeiladu	—	to build
ar ôl	—	after
ardal-oedd (*f*)	—	area
arwydd-ion (*m*)	—	sign
cystal	—	as well
dodrefn	—	furniture
dro'n ôl	—	a while ago
gan	—	since, because
gwerin (*f*)	—	folk, peasant
gwerth (*g*)	—	worth
i ble?	—	to where?
llawlyfr-au (*m*)	—	handbook
medru	—	to be able
melin wlân (melinau gwlân) (*f*)	—	woollen mill
naturiol	—	natural
o flaen	—	in front of, ahead
on'd oes?	—	isn't there? etc.
pres (*m*)	—	money
unman	—	anywhere
yn gyntaf	—	firstly
ynté?	—	isn't it? etc.

b)
dodrefn (*N.W.*)	—	celfi (*S.W.*)
medru (*N.W.*)	—	gallu (*S.W.*)
pres (*N.W.*)	—	arian (*S.W.*)
ynté? (*N.W.*)	—	yntefe? (*S.W.*)
on'd oes? (*N.W.*)	—	on'd oes e? (*S.W.*)

c) The **yn** in **yn gyntaf** is hardly discernible in normal speech.

2 Cystal i ... / might as well

a) The **i** introduces the person, and you will recall that **i** has personal forms (**p. 52**), e.g.
Cystal iddo aros yn y gwely. — He might as well stay in bed.
Cystal i chi ddweud. — You might as well say.
Cystal i ni fwyta nawr. — We might as well eat now.
To convey *might as well have* ... **fod wedi** follows the **i** form, e.g.
Cystal iddyn nhw fod wedi darllen y llyfr. — They might as well have read the book.

b) Add a comment to the following statements by using the **Cystal i ...** pattern, and complete as you wish, e.g.
Rydw i'n oer. — Cystal i fi wisgo cot fawr.
  (i) Maen nhw wedi colli'r trên.
  (ii) Dydy hi ddim yn gallu darllen.
  (iii) Dydyn ni ddim yn hoffi ein tŷ ni.
  (iv) Rydych chi'n edrych yn dost!
  (v) Mae'n rhy wlyb i ti fynd allan heno.

3 was built, was seen, was moved, etc.

a) To convey that a certain action was 'inflicted' or imposed upon something or someone forms of **cael** can be used. (The past tense of **cael** is to be seen on **p. 161**.) This construction is known as the passive voice or the impersonal form. Note the following examples carefully:
Fe gafodd y castell ei adeiladu yn 1282. — The castle was built in 1282.
(*lit.* The castle got its building in 1282.)
Fe gafodd y bêl ei cholli yn yr ardd. — The ball was lost in the garden.
Fe gafodd y bachgen ei weld yn dwyn afalau. — The boy was seen stealing apples.
Fe gafodd y bechgyn eu gweld yn dwyn afalau. — The boys were seen stealing apples.

If the **ei** refers to a singular masculine noun it will be followed by a soft mutation (**p. 94**); if it refers to a singular feminine noun it will be followed by an aspirate mutation (**p. 70**).
The agent or the one who does the action (i.e. who builds the castle, sees the boys, etc.) is introduced by the word **gan**, e.g.
Fe gafodd y castell ei adeiladu gan Edward I. — The castle was built by Edward I.
Fe gafodd y bechgyn eu dal gan yr heddlu. — The boys were caught by the police.

Gwers 21

b) The following verb-nouns will be useful when using this pattern:

claddu	— to bury
cosbi	— to punish
cynhyrchu	— to produce
geni	— to be born
lladd	— to kill
restio	— to arrest
saethu	— to shoot

c) Use the pattern in (**a**) and the information given to answer the following questions, e.g.
Pwy welodd John? (ei fam) — Fe gafodd John ei weld gan ei fam.
  (i) Pwy saethodd John F. Kennedy? (Lee Oswald)
  (ii) Pwy gosbodd y bachgen? (y prifathro)
  (iii) Pwy gynhyrchodd y ffilm? (John Ford)
  (iv) Pwy restiodd y dynion? (yr heddlu)
  (v) Pwy ysgrifennodd y llyfr? (Shakespeare)

d) Link the question **Pryd?** — *When?* with your answers in (**c**), e.g.
Fe gafodd John ei weld gan ei fam. — Pryd cafodd John ei weld gan ei fam?
Proceed to answer the questions.

4 The ending —wyd

a) There is a concise form of the pattern given in **3a**. The ending —**wyd** is added to the stem of the verb-noun thus eliminating the need to use a form of **cael**, e.g.
Fe gafodd y castell ei *adeiladu* gan Edward I.
— Fe adeiladwyd y castell gan Edward I.
Fe gafodd y tŷ ei *werthu* am ddeng mil o bunnau.
— Fe werthwyd y tŷ am ddeng mil o bunnau.
This concise form is easier than the long form, but it is not a common feature of informal speech and is exclusively used, generally speaking, in more formal circumstances like news bulletins and in the written language.

b) Answer the questions set in **3c** by using the concise —**wyd** form.

c) Use the —**wyd** pattern to form sentences from the information given, e.g.
adeiladu, y tŷ, 1954 — Adeiladwyd y tŷ yn 1954.
  (i) dal, y lladron, yr heddlu
  (ii) prynu, y tŷ teras, £9,000
  (iii) ysgrifennu, y llyfr, Daniel Owen
  (iv) trwsio, y car, £50
  (v) claddu, Mr. Jones, y llynedd
  (vi) cosbi, y plentyn, dwyn afalau

d) The concise —**wyd** form of **geni** — *to be born* is **ganwyd**, e.g.
Fe anwyd David Lloyd George yn 1863. — David Lloyd George was born in 1863.

Using the information given, answer the following questions:
(i) Ble ganwyd David Lloyd George? (Manceinion)
(ii) Pryd ganwyd Llywelyn Fawr? (1194)
(iii) Ble ganwyd Syr Thomas Parry-Williams? (Rhyd-ddu)
(iv) Pryd ganwyd William Shakespeare? (1564)
(v) Ble ganwyd Syr Geraint Evans? (Cilfynydd)

5   ynté? (or yntefe?) — isn't it? etc.

a) This is the form to use to convey *isn't it?* etc. when a positive statement does not begin with a verb. You will recall that in response to such a statement we would either say **Ie** or **Nage** (**p. 151**), e.g.
O'r Gogledd mae'r bwthyn, ynté?
Edward I adeiladodd y castell, yntefe?
Hwnna ydy brawd Marian, ynté?
Ynté? has another form, namely **onide?** which has a more literary or formal flavour to it. Like **Ie** and **Nage**, **ynté?** is used for all tenses and persons of the verb.

b) Rewrite the following sentences so that the italicized words are emphasized, and add the tag **ynté?** (or **yntefe?**).
(Before attempting this exercise revise emphatic sentences on **p. 67** and **p. 96**), e.g.
Mae e'n byw nawr *ym Mangor*. — Ym Mangor mae e'n byw nawr, yntefe?
(i) Mae hi'n *chwaer i Iorwerth*.
(ii) Roedd hi'n *athrawes*.
(iii) Fe ddylwn *i* dalu.
(iv) Fe ddylet *ti* olchi llestri.
(v) Mae *ffliw* arnoch chi.

6   Fe hoffwn i, etc. — I would like, etc.

a) Instead of using the long form **fe fyddwn i'n hoffi**, etc. we could use a shortened form of **hoffi** to convey the imperfect and the conditional tense (**p. 181**). The endings to be added to the verb-noun will be familiar to you. We will take **hoffi** as an example of a regular verb:

Fe hoff*wn* i	— I would like
Hoff*et ti*?	— would you like?
Hoff*ai* John ddim	— John wouldn't like
Fe hoff*en* ni	— we would like
Hoff*ech chi*?	— would you like?
Hoff*en nhw* ddim	— they wouldn't like

Gwers 21

(Say: **fe hoffe fe** or **fo/hi**.) Compare this with the **fe ddylwn i**, etc., pattern (**p. 172**), e.g.
Fe hoffwn i ddysgu nofio. — I would like to learn to swim.
Hoffen nhw mo hynny. — They wouldn't like that.
Hoffet ti ddod allan gyda fi? — Would you like to come out with me?

b) Note how we say:
I would like to be a ... — **Fe hoffwn i fod yn** ...
Petaech chi'n cael cyfle beth hoffech chi fod?
You might find the following list useful when answering the above question. (Remember that the linking **yn** is followed by a soft mutation.)

meddyg	— doctor
siopwr	— shopkeeper
llyfrgellydd	— librarian
adeiladydd	— builder
trydanydd	— electrician
plwmwr	— plumber
awdur	— author
bancwr	— banker
offeiriad	— priest
ysgrifenyddes	— secretary
cigydd	— butcher
gofalwr	— caretaker

c) Complete the following statement:
Hoffwn i ddim bod yn ... achos ...

d) Here are some typical questions you could ask a person whom you address as **Ti**. For the purpose of the exercise answer the questions yourself.
  (i) I ble hoffet ti fynd ar dy wyliau eleni?
  (ii) Pa wlad hoffet ti ymweld â hi?
  (iii) Beth hoffet ti ei wneud ar ôl gadael yr ysgol?
  (iv) Pam hoffet ti fod yn feddyg?
  (v) Beth hoffet ti ei gael i ginio?

e) Ask the following questions using the **hoffet ti**, etc. forms. (Check **p. 165(d)** first!) e.g. Beth, ti, gwneud? — Beth hoffet ti ei wneud?
  (i) Faint, nhw, prynu?
  (ii) Pwy, fe, gweld?
  (iii) Beth, y fenyw, dweud?
  (iv) Pryd, chi, gweld ni?
  (v) Pam, y plant, cael cig?

7 cyn/ ar ôl + i form

a) It isn't correct to place a verb directly after **cyn** — *before* and **ar ôl** — *after* and a number of other words. The person who does the action is introduced by the preposition **i** and its various personal forms which are followed by a soft mutation (**p. 52**). The expression assumes the tense of the verb in the main part of the sentence, e.g.
Ar ôl i fi ddarllen y papur fe edrychaf i ar y teledu. — After I've read the paper I'll look at the television.
Fe aeth e adref cyn iddi hi ddechrau bwrw glaw. — He went home before it started to rain.
Some of the other words which are used in a similar way are:
Wedi — after, ers — since, erbyn — by (time), wrth — as (time), nes/tan — until, er — although.

b) Fill in the correct i form and complete each sentence in any way you wish, e.g.
Ar ôl ... nhw ddarllen ... —
Ar ôl iddyn nhw ddarllen y papur fe edrychon nhw ar y teledu.
(Vary the tense of the verb in your sentences!)
  (i) cyn ... chi fynd ...
  (ii) ar ôl ... nhw brynu ...
  (iii) wedi ... fi weld ...
  (iv) ers ... ni fod ...
  (v) erbyn ... ti ddod ...
  (vi) wrth ... Siân yrru ...
  (vii) tan ... y plant orffen ...
  (viii) er ... hi hoffi ...

c) Fill in the gap with the appropriate word from: cyn, ar ôl, ers, erbyn, wrth, tan, er.
  (i) _____ i ni gyrraedd yn gynnar roedd y cyngerdd wedi dechrau.
  (ii) Mae hi wedi trefnu galw yma _____ iddi hi ddod o'r gwaith.
  (iii) Arhoswch _____ i fi gael fy nghinio.
  (iv) _____ iddyn nhw ddechrau chwarae roedd hi wedi dechrau bwrw glaw.
  (v) Dydy e ddim wedi bod yn dda _____ iddo fe ddal annwyd.
  (vi) Fe gaf i gwpanaid o de _____ i chi fynd.
  (vii) Fe welon ni lawer o dai eraill yn yr ardal _____ i ni benderfynu prynu'r tŷ 'ma, ond fe hoffon ni hwn ar unwaith.

8 on'd oes(e)? — isn't there?/ aren't there? etc.

a) This negative tag appears at the end of a positive statement. The rule regarding tags is that a negative tag follows a positive statement, and a positive tag follows a negative statement. The positive tag of **on'd oes(e)?** is **oes e?** e.g.

Mae plant 'da chi, on'd oes(e)? —
You've got children, haven't you?

Mae 'na gastell yn yr ardal 'ma, on'd oes(e)? —
There is a castle in this area, isn't there?

Does dim neb yn byw yn y tŷ, oes e? —
There's no one living in the house, is there?

As the examples show this is the appropriate tag to use in the present tense when the subject is indefinite and also with the 'da (or **gan**) possession pattern.

b) Add an appropriate tag:
    (i) Mae tŷ bwyta yn yr amgueddfa, _____?
    (ii) Does dim car newydd 'da fe, _____?
    (iii) Car ail-law sy 'da ti, _____?
    (iv) Ym mhentref Sain Ffagan mae'r Amgueddfa Werin, _____?
    (v) Mae 'na goleg ym Mangor, _____?
    (vi) Does dim eglwys gadeiriol yn Aberystwyth, _____?

c) Form sentences to include the specified words and which will end with the tag given, e.g.
eglwys gadeiriol / on'd oes(e)? — Mae eglwys gadeiriol yn Nhyddewi, on'd oes(e)?
    (i) Everest / yntê?
    (ii) melin wlân / on'd oes(e)?
    (iii) carped / oes e?
    (iv) yn / yntê?
    (v) ffilm dda / on'd oes(e)?
    (vi) ysgol / oes e?

9 Gan + bod forms

a) **Gan** means *since/because* and like **achos** it can be followed by the various forms of **bod** (**p. 153**) to convey *since it is/was*, etc., e.g.
gan fy mod i — since I am / was.
Rydw i eisiau colli pwysau gan fy mod i'n dew. —
I want to lose weight since I'm fat.
Fe aethon nhw â hi i'r ysbyty gan fod gwres uchel arni hi. —
They took her to hospital since she had a high temperature.

b) Complete the following sentences with the appropriate form of **gan + bod**, e.g.
Chlywoch chi monon *ni* . . . mor dawel. —
Chlywoch chi monon ni gan *ein bod ni* mor dawel.
    (i) Dydy e ddim yn gallu prynu'r *afalau* 'na . . . mor ddrud.
    (ii) Dydyn *ni* ddim yn gallu rhedeg yn gyflym . . . mor hen.
    (iii) Aethon ni ddim i'r *cyngerdd* . . . mor gynnar.
    (iv) Fe hoffais i'r hen *wraig* . . . mor ddiddorol.
    (v) Welais i monot *ti*'n dod i mewn neithiwr . . . mor hwyr.

c) Respond to the following statements by using **gan** + **bod** pattern + **mor** and then complete each sentence as you wish, e.g.
Rydw i'n dew. — Gan fy mod i mor dew rydw i eisiau colli pwysau.
   (i) Mae hi'n braf heddiw.
   (ii) Rwyt ti'n dost (sâl).
   (iii) Mae Mrs. Jones yn hen.
   (iv) Rydyn ni'n dwym (poeth).
   (v) Rydych chi'n ifanc.
   (vi) Maen nhw'n gyfoethog.
   (vii) Mae hi'n oer allan heno.

10 The personal forms of : o flaen — in front of, ahead

a) In Welsh we can't say: **o flaen fi** to convey: *in front/ahead of me*.
Rather we place the pronoun between **o** and **blaen**, and the pronoun causes **blaen** to mutate. (This course will refer to several prepositions which change in a similar manner.) Learn the following:

o fy mlaen i   — in front of me
o dy flaen di   — in front of you
o'i flaen e/o   — in front of him
o'i blaen hi   — in front of her
o'n blaen ni   — in front of us
o'ch blaen chi   — in front of you
o'u blaen nhw   — in front of them

b) Complete the sentence: Roeddwn i'n eistedd ... according to the cue given, e.g. nhw — Roeddwn i'n eistedd o'u blaen nhw.
   (i) fe
   (ii) ti
   (iii) hi
   (iv) chi
   (v) John
   (vi) nhw

11 It is a worthwhile exercise to read the dialogues and convey some of the ideas expressed in various ways. Try and add to these examples:

a) "Cystal i ni brynu llawlyfr, yntê?"
   (i) Ble maen nhw'n gwerthu llawlyfrau?
   (ii) Oes llawlyfrau ar gael yma?
   (iii) Fe fyddai'n well i ni brynu llawlyfr.
   (iv) Fe ddylen ni brynu llawlyfr. Faint ydyn nhw?

b) "Mi hoffwn i gael cwpanaid o goffi."
   (i) Mae syched arnaf i.
   (ii) Fe fyddai'n braf i gael cwpanaid.
   (iii) Beth am goffi?
   (iv) Rhaid i fi gael cwpanaid!

Gwers 21

c) "Beth am ymweld â'r felin wlân?"
    (i) Oes awydd gweld y felin wlân arnat ti?
    (ii) Maen nhw'n dweud bod y felin wlân yn werth ei gweld.
    (iii) Fyddet ti'n hoffi ymweld â'r felin wlân?
    (iv) Mae amser 'da ni i ymweld â'r felin wlân, on'd oes e?

12 Cyfieithwch:
    (i) She might as well sell the cottage since she's moving from the area.
    (ii) When was the film produced? (*short form*)
    (iii) Where was the man buried? (*long form*)
    (iv) My father was born in 1900. (*short form*)
    (v) She wouldn't like to be a teacher.
    (vi) What would you like to do this afternoon?
    (vii) We didn't see the family when we called a while ago.
    (viii) Before you go would you like to have a glass(ful) of wine?
    (ix) There is a folk museum at Saint Fagans, isn't there?
    (x) Would you (*fam.*) like to go ahead of me?

Gwers 22   'Fy Newis i' : 'My Choice'

Gwrandewch:

Cyflwynydd:	Croeso i chi unwaith eto i ymuno â ni ar y rhaglen *Fy Newis i*. Fy ngwestai yr wythnos 'ma ydy'r awdures adnabyddus Miss Gwen Tomos. Croeso i'r rhaglen.
Miss Tomos:	Diolch yn fawr.
Cyflwynydd:	I ddechrau, sut byddech chi'n ymdopi ar eich pen eich hun ar yr ynys bell?
Miss Tomos:	Mi fyddwn i'n medru cynefino â'r unigrwydd yn sicr, ond mi welwn i eisiau pobl gan fod pobl yn rhoi syniadau ac ysbrydoliaeth i mi.
Cyflwynydd:	A beth am fwyd a diod? Allech chi ymdopi â bwydo'ch hun?
Miss Tomos:	Na allwn, wir! Mae diddordeb mawr gen i mewn garddio ond fedrwn i byth gynnal fy hun.
Cyflwynydd:	Dywedwch rywbeth wrthon ni am eich cefndir.
Miss Tomos:	Mi ges i fy ngeni ym Mangor, er o Lerpwl roedd 'nhad yn enedigol, ond mi ddaeth o a'i frawd i Langefni yn 1941.
Cyflwynydd:	Pam hynny?
Miss Tomos:	Cawson nhw eu symud yn ystod y rhyfel gan fod y bomio mor ddrwg. Flynyddoedd yn ddiweddarach, penderfynodd 'nhad ddychwelyd i Langefni. Mae hi'n amlwg ei fod o wrth ei fodd mewn ardal wledig fel Ynys Môn.
Cyflwynydd:	Rydw i'n credu taw/mai Ynys Môn ydy cefndir eich record gyntaf hefyd . . .

* * * * *

Presenter:	Welcome to you once again to join us on the programme *My Choice*. My guest this week is the well-known authoress Miss Gwen Tomos. Welcome to the programme.
Miss Tomos:	Thank you.
Presenter:	To begin (with), how would you cope on your own on the distant island?
Miss Tomos:	I'd be able to get used to the loneliness definitely, but I would miss people since people give me ideas and inspiration.
Presenter:	And what about food and drink? Could you manage to feed yourself?
Miss Tomos:	No, indeed! I'm greatly interested in gardening but I could never support myself.
Presenter:	Tell us something about your background.
Miss Tomos:	I was born in Bangor although my father was a native of Liverpool but he and his brother came to Llangefni in 1941.
Presenter:	Why (was) that?
Miss Tomos:	They were moved during the war since the bombing was so bad. Years later, father decided to return to Llangefni. It's

Gwers 22

Presenter:	apparent that he was in his element in a rural area like the Isle of Anglesey. I also believe that the Isle of Anglesey is the background of your first record ...

1 Geirfa

a)

adnabyddus	— well-known
amlwg	— apparent, obvious, (*also*, prominent)
ar eich pen eich hun	— on your own
awdures (awduron) (*f*)	— authoress
bomio	— to bomb
cefndir (*m*)	— background
credu	— to believe
cyflwynydd (cyflwynwyr) (*m*)	— presenter
cynefino	— to get used to
cynnal	— to maintain, to support
cyntaf	— first
dewis (*m*)	— choice
diddordeb-au (*m*)	— interest
dychwelyd	— to return
eich hun	— yourself
fy hun	— myself
garddio	— to garden
genedigol o	— born of, a native of
geni	— to be born
gweld eisiau	— to miss (to see the need of)
gwestai (gwesteion) (*m*)	— guest
gwledig	— rural
hwyrach	— later
Lerpwl	— Liverpool
mai	— that
record-iau (*f*)	— record
rhaglen-ni (*f*)	— programme
rhoi	— to give
rhyfel-oedd (*m*)	— war
syniad-au (*m*)	— idea
taw	— that
unigrwydd (*m*)	— loneliness
ymdopi â	— to cope with, to manage
ymuno â	— to join
yn sicr	— assuredly, definitely
ynys-oedd (*f*)	— island
Ynys Môn	— the Isle of Anglesey
ysbrydoliaeth (*m*)	— inspiration

b) **Cynnal** changes to **cynhali—** when a syllable is added to it, e.g.
cynhaliwyd cyngerdd — a concert was held.

c) **Dychwel-** is the stem of **dychwelyd,** e.g.
Fe ddychwelodd e neithiwr. — He returned last night.

d) **Gweld eisiau** means *to miss, to see the need of,* and **gweld** (stem **gwel-**) changes to convey various tenses, e.g.
Weloch chi fy eisiau i? — Did you miss me?
Petawn i'n byw yn Llundain fe fyddwn i'n gweld eisiau Cymru. —
If I were living in London I would miss Wales.
Make similar statements to the above.

e) You will hear people saying:
Rydw i'n enedigol o ... — I'm a native of ...
O ble rydych chi'n enedigol? — Where are you from (originally)?
A popular alternative for **genedigol o** is **yn wreiddiol o** (**gwreiddiol** — *original*)
e.g. Rydw i'n dod yn wreiddiol o Lundain — I come from London originally.

f) **mai** *(N.W.)* — **taw** *(S.W.)*

2 Concise Would forms

a) You have already seen the various short *would* form endings in **L21, N6a**.
Here they are again:

-wn i (I);	-en ni (we);
-et ti (you);	-ech chi (you);
-ai e/hi, etc. (he/she/it, etc.);	-en nhw (them), e.g.
Fe welwn i eisiau ...	— I would miss ...
Allech chi ymdopi?	— Could you manage?
Fedrwn i ddim ...	— I couldn't ...
Brynet ti'r car 'na?	— Would you buy that car?

b) Write a dialogue between you and your partner what exactly you would do if you found yourself in these situations:
   (i) You have won a large sum of money on the pools!
   (ii) You have broken down on the motorway and your car has a flat tyre. You have two small children with you!
   (iii) You see a house on fire with someone crying for help from the lounge downstairs!

c) It is particularly important to learn this tense with **gallu** *(S.W.)* or **medru** *(N.W.)*, and practise saying:
Allech chi ...? *(or* Fedrech chi ...?*)*, Allet ti ...? *(or* Fedret ti ...?*)*,
Using both **ti** and **chi** forms ask various favours of people, e.g.
Allet ti roi pum punt i fi!
Allech chi ddod i fy ngweld i, os gwelwch yn dda?
(Write 6 sentences)
(The *would* forms of the irregular verb-nouns **mynd, dod, cael** and **gwneud** will be dealt with later on.)

Gwers 22

d) Use the shortened forms of **gallu** or **medru** in the following sentences:
   (i) Fe fyddwn i'n gallu dod petai'r cyngerdd yn dechrau'n hwyrach.
   (ii) Fydden ni byth yn medru dringo Everest.
   (iii) Fyddet ti'n gallu galw i fy ngweld i?
   (iv) Mi fyddech chi'n medru benthyca arian o'r banc.
   (v) Fyddai hi'n gallu gwneud y gwaith?

e) **Gallu** (and **medru**) have their own particular *yes* and *no* response forms, e.g.
Gallwn (medrwn) — Yes (I could)
Na allwn (na fedrwn) — No (I couldn't)
Apply the endings as shown in **(a)**.

Respond as directed to these questions:
   (i) Allech chi (*singl.*) ddringo Everest? (No).
   (ii) Allet ti wneud cwpanaid o de i fi? (Yes)
   (iii) Allai dy rieni di ddod? (No)
   (iv) Allai hi wneud y gwaith? (Yes)
   (v) Allwn i fynd yno heb docyn? (*fam.*) (No)

3 ar eich pen eich hun(an), etc. — on your own, etc.

a) Learn the following:
ar fy mhen fy hun(an)	— on my own
ar dy ben dy hun(an)	— on your own
ar ei ben ei hun(an)	— on his own
ar ei phen ei hun(an)	— on her own
ar eich pen eich hun(an)	— on your own (*singl.*)
ar ein pennau ein hunain	— on our own
ar eich pennau eich hunain	— on your own (*pl.*)
ar eu pennau eu hunain	— on their own

Hunan are South Walian forms.

b) Reply in the negative and use the expressions in **(a)**, e.g.,
Est ti i'r dref gyda John? — Naddo, fe es i i'r dref ar fy mhen fy hun(an).
   (1) Ydych chi'n (*singl.*) mynd i Lerpwl gyda John?
   (ii) Ddylai Mair fynd yno gyda John?
   (iii) Aethon nhw i'r sinema gyda John?
   (iv) Ddylech chi (*pl.*) fod yno gyda John?
   (v) Fyddwn i'n gallu dod gyda John? (*ti* reply)

c) With your partner make statements like:
Rydw i'n hoffi bod yn y _____ ar fy mhen fy hun.   *or*
Dydy fy ngwraig ddim yn hoffi bod yn y _____ ar ei phen ei hun.
Elaborate on your statements.

4 fy hun : myself

a) These forms will be familiar to you after having done **N3**, since only the endings of those expressions are used. Learn these:
fy hun(an)—myself; dy hun(an)—yourself; ei hun(an)—himself, herself; eich hun(an)—yourself; ein hunain—ourselves; eich hunain—yourselves; eu hunain—themselves.
Forms like **fy hunan** are used in South Wales. You will recall that the pronouns **ei, ein, eich** and **eu** can shorten **(p. 84)**.

b) Using the forms in **(a)** complete these sentences:
(i) Fe wnes i'r gwaith ...
(ii) Olchaist ti'r car ...?
(iii) Fe fwytodd e'r sglodion i gyd ...
(iv) Edrychwch ar ôl ... *(pl.)*
(v) Fe olchiff hi'r llestri ...

c) Discuss with your partner the things that you could (couldn't) do yourself, e.g. Allwn i ddim gwneud teisen (a cake) fy hunan? Allech chi?

5 Mi ges i fy ngeni, etc. — I was born, etc.

a) It is most important to note that we don't say: Roeddwn i geni.
You have already seen this pattern in **L21, N3a** where it was shown how action was *imposed* upon someone or something. Personal forms of **cael** are used; the corresponding pronoun follows which in turn is followed by a verb-noun. (Remember the respective mutations after **fy, dy, ei** (*m*) and **ei** (*f*)!)
Ble cawsoch chi eich geni? — Where were you born?
Fe ges i fy nhalu ddoe. — I was paid yesterday.
Fe gawson nhw eu rhoi i'r ysgol yn rhad ac am ddim. —
They were given free to the school.
Gei di dy dalu am wneud y gwaith? — Will you be paid for doing the work?
Fe gelech chi eich cosbi petai'r prifathro yn eich dal! —
You would be punished if the headmaster caught you!
Mae'r bwyd yn cael ei baratoi nawr! — The food is being prepared now.

b) Ask when the following were born and reply by using the dates given, e.g. fe, 1942.
Pryd cafodd e ei eni? — Fe gafodd e ei eni yn 1942.
(i) ti, 1936 (ii) nhw, 1910 (iii) chi (*singl*), 1955 (iv) Mair, 1967 (v) Rhys, 1973

c) You will hear the following sort of sentences which contain **wedi cael** quite often.
Mae'r teganau wedi cael eu gwneud yn Hong Kong. —
The toys have been made in Hong Kong.
O beth mae e wedi cael ei wneud? — Of what has it been made?
Ble mae hwn wedi cael ei wneud? — Where has this been made?

In such a construction **cael** may be omitted, e.g.
Maen nhw wedi eu gwneud o bren. — They have been made of wood.

d) Learn the following words in conjunction with the pattern shown in **(c)** and talk about the things that you can see around you, e.g.
Mae'r got wedi (cael) ei gwneud o wlân.

arian	— silver		gwydr	— glass
aur	— gold		haearn	— iron
carreg	— stone		metal	— metal
defnydd	— material		papur	— paper
dur	— steel		plastig	— plastic
gwlân	— wool		pren	— wood

6 diddordeb mewn — interest in

a) In Welsh we use the possession pattern **'da** (or **gan**) to convey that we are interested in something, e.g.
Mae diddordeb 'da hi mewn badminton. — She's interested in badminton.
Oes diddordeb gennych chi mewn pêl-droed? — Are you interested in soccer?
Does dim diddordeb 'da nhw mewn dysgu Cymraeg. —
They're not interested in learning Welsh.
Roedd diddordeb mawr gen i mewn chwaraeon cyn i fi fynd i'r coleg. —
I was greatly interested in games before I went to college.

The word **mewn** changes to **yn** when one is interested in something specific, e.g.
Does dim diddordeb 'da John yn yr ardd. — John isn't interested in the garden.
Ond mae diddordeb mawr 'da fe yn ei gar.—But he's greatly interested in his car.

To ask: What are your interests? we say: Beth ydy'ch diddordebau chi?

b) Discuss your interests and those of your family. Bring in a time element by using patterns like **cyn i fi/ni** etc. e.g.
Doedd dim diddordeb 'da fi mewn chwarae tenis pan oeddwn i yn yr ysgol.
Ond ers i fi gwrdd â'r wraig mae diddordeb mawr 'da fi mewn tenis. etc.

7 dweud wrth ... — to tell ...

a) You have already seen that certain prepositions follow specific verb-nouns, and that the prepositions introduce the persons that one meets, waits for or asks, etc. e.g. cwrdd â, aros am, gofyn i.
Some prepositions in Welsh can change their form and you have already seen **i**, **ar**, and **gan** doing so. **Wrth** has personal forms, and although it means *by* the personal forms are normally linked with **dweud**.

dweud wrthof i	— tell me
dweud wrthot ti	— tell you
dweud wrtho fe (fo)	— tell him
dweud wrthi hi	— tell her
dweud wrthon ni	— tell us
dweud wrthoch chi	— tell you
dweud wrthyn nhw	— tell them

b) Fill in the blanks with the appropriate form of **wrth**.
    (i) Ddywedaist ti _____ fo?
    (ii) Fe allwn i ddweud _____ nhw petaet ti eisiau.
    (iii) Fedrech chi ddweud _____ i ble mae'r plentyn, os gwelwch yn dda?
    (iv) Fe ddywedaf i _____ chi yfory pan gaf i'r llythyr.
    (v) Ddywedwn i ddim _____ hi petawn i ti!

8 taw/ mai — that

a) You have already seen that **bod (p. 107)** and **y (p. 185)** convey **that**.
Taw (in *S.W.* or **mai** in *N.W.*) is also a link word used when it introduces something that needs emphasizing. Remember (i) that **taw** (or **mai**) can never be followed directly by a verb and (ii) if **taw** is followed by a preposition **mae** and not **ydy** is the appropriate word for *is* (cf. **p. 68c**), e.g.
Rydw i'n siŵr taw **yn hwn** mae John yn byw.
Fe ddywedoch chi wrthof i taw **punt** oedd y llyfr.
Roeddwn i'n meddwl mai **canu** roedd e.
Fe glywon ni taw **Lerpwl** enillodd.
Roedden nhw wedi dweud wrthon ni mai **fi** fyddai'n cael y pres.

b) Reply in the negative and emphasize the information given, e.g.
Yr Wyddfa ydy'r mynydd mwyaf uchel yn y byd? (Everest) — Nage, rydw i'n meddwl taw (mai) Everest ydy'r mynydd mwyaf uchel yn y byd.
    (i) Alun sy'n dod? (Siôn)
    (ii) Yn Llundain mae e'n byw nawr? (Lerpwl)
    (iii) Fe ydy'r gorau? (hi)
    (iv) Fy nghi i ydy hwnna? (ei gi e)
    (v) Alsation sy 'da nhw? (corgi)
    (vi) Naw oed ydy Siân? (deg)
    (vii) Cyfreithiwr mae e eisiau bod? (athro)
   (viii) Ddydd Llun maen nhw'n dod? (ddydd Mawrth)
    (ix) O garreg mae e wedi cael ei wneud? (gwydr)
    (x) Am ddeg o'r gloch mae'r rhaglen? (saith o'r gloch)

9 cyntaf — first

a) In Welsh, unlike English, **cyntaf** — *first* follows the noun, e.g.
y bachgen cyntaf   — the first boy
y tŷ cyntaf   — the first house
y ferch gyntaf   — the first girl (**p. 41**)
y rhaglen gyntaf   — the first programme

b) Complete in full your own sentences after: Roedd y ... according to the pattern of this example:
rhaglen — Roedd y rhaglen gyntaf yn ddiddorol iawn.
(i) record   (ii) arwydd   (iii) llawlyfr   (iv) merch   (v) perchennog
(vi) llythyr   (vii) lori   (viii) gardd   (ix) rhyfel byd   (x) gêm

c) Notable firsts! By using the adjective **cyntaf** make a list of people who achieved notable firsts, e.g.
Neil Armstrong oedd y dyn cyntaf i gerdded ar y lleuad (*moon*).

10 The presenter in the dialogue presented Miss Tomos like this:
"Fy ngwestai yr wythnos 'ma ydy'r awdures adnabyddus Miss Gwen Tomos."
Imagine that you are introducing Miss Tomos both formally and informally. Here are some possibilities. Try and add to them:
  (i) Rydych chi wedi clywed am Miss Gwen Tomos, siŵr o fod.
  (ii) Dydw i ddim yn meddwl eich bod wedi cwrdd â Miss Gwen Tomos o'r blaen.
  (iii) Dyma'r awdures Miss Gwen Tomos.
  (iv) Gaf i gyflwyno Miss Tomos i chi? (cyflwyno — to introduce, to present)
  (v) Mae'n bleser mawr gen i gyflwyno Miss Gwen Tomos i chi.
  (pleser — pleasure)

11 Cyfieithwch:

  (i) Before she died she returned to her native area.
  (ii) Would you miss the children?
  (iii) I wouldn't like to be a presenter on television.
  (iv) Could you (*fam*) tell him that the first programme is tonight?
  (v) She wouldn't like to be on her own on a distant island.
  (vi) Wash (*fam*) the dishes yourself!
  (vii) When shall I be paid?
  (viii) He was made a King when his father died.
  (ix) They had been made of gold so they were very expensive.
  (x) We're not interested in fishing; we prefer sailing.
  (xi) Excuse me please, could you tell me where's the museum?
  (xii) I know that it was Neil Armstrong (*emphasize*) who was the first man to walk on the moon.

Gwers 23 Gwneud oed : Making a date

Gwrandewch:

Alwyn: Sut mae? Rwyt ti ar dy ben dy hunan!
Nest: Ydw.
Alwyn: Ble mae Gwen?
Nest: Mae hi'n gweithio'n hwyr bob nos yr wythnos 'ma er mwyn iddi hi gael ddydd Sadwrn yn rhydd. Mae hi'n mynd i briodas.
Alwyn: Priodas pwy?
Nest: Priodas ei brawd Arwyn.
Alwyn: Dydw i ddim yn ei adnabod e ond mae ei chwaer arall hi, Elinor, yn briod â ffrind i fi. Hm! Fydd dim cwmni gyda ti nos Sadwrn, 'te!
Nest: Does dim ots 'da fi fod ar fy mhen fy hunan.
Alwyn: Mae ffilm dda yn *Y Plaza* nos Sadwrn, medden nhw.
Nest: Oes e? Beth?
Alwyn: Wn i ddim beth ydy enw'r ffilm ond mae Olive Lewis ynddi hi, ta p'un i. Leiciet ti ddod gyda fi i'w gweld hi?
Nest: Diolch. Fe fyddwn i wrth fy modd. Rydw i wedi clywed llawer o sôn amdani.
Alwyn: Dydw i ddim yn synnu gan fod rhannau o'r ffilm wedi cael eu ffilmio yng Ngogledd Cymru. Ble cwrddwn ni?
Nest: Wnei di alw amdanaf i?
Alwyn: Gwnaf, wrth gwrs. Fe ddof i i dy 'nôl di tua hanner awr wedi saith. Ydy hynny'n gyfleus i ti?
Nest: Ydy, iawn, ond mae rhaid i fi frysio. Mae'r bws ar fin dod. Fe welaf i ti!

* * * * *

Alwyn: How are things? You're on your own!
Nest: Yes.
Alwyn: Where's Gwen?
Nest: She's working late every night this week so that she can have Saturday free. She's going to a wedding.
Alwyn: Whose wedding?
Nest: Her brother Arwyn's wedding.
Alwyn: I don't know him but her other sister, Elinor, is married to a friend of mine. Hm! You won't have (any) company Saturday night, then!
Nest: I don't mind being on my own.
Alwyn: There's a good film in *The Plaza* Saturday night, they say.
Nest: Is there? What?
Alwyn: I don't know what the name of the film is but Olive Lewis is in it, anyway. Would you like to come with me to see it?
Nest: Thanks. I'd be delighted. I've heard a lot (of talk) about it.
Alwyn: I'm not surprised since parts of the film have been filmed in North Wales. Where shall we meet?
Nest: Will you call for me?
Alwyn: Yes, of course. I'll come and fetch you about half past seven. Is that convenient for you?
Nest: Yes, fine, but I must hurry. The bus is about to come. I'll see you!

Gwers 23

1 Geirfa

a)

ar dy ben dy hunan	— on your own
ar fin	— about to, on the point of
brysio	— to hurry
cwmni (cwmnïau) (*m*)	— company
cyfleus	— convenient
er mwyn (i)	— so that, in order to
ffilmio	— to film
galw (am)	— to call (for)
i dy 'nôl di	— to fetch you
leicio	— to like
medden nhw	— they say
oed (*m*)	— date, tryst
oes e?	— is there? / are there?
ots	— to matter, to mind (**Nc**)
priod (â)	— married (to)
priodas-au (*f*)	— wedding
rhan-nau (*f*)	— part
rhydd	— free (*also,* loose)
sôn (*m/f*)	— talk, mention
synnu	— to wonder, to surprise
ta p'un i	— anyway
wn i ddim	— I don't know
ynddi	— in it (*f*)

b) **Leicio** (stem **leici-**) or **lico** (stem **lic-**) are often used in everyday conversation instead of **hoffi** — *to like*.

c) **Ots** is only used in such expressions as:

Mae ots 'da fi / gen i.	— I do mind.
Does dim ots 'da nhw.	— They don't mind / care.
Oedd ots 'da chi?	— Did you mind?
Fydd ots ganddi hi?	— Will she mind?
Fyddai ots 'da ti?	— Would you mind?

You will note that it is used with the possession **'da / gan** pattern.
Quite often **gwahaniaeth** is used instead of **ots**.

d) Note that **yn briod (â/ag)** means **married** (i.e. in the state of marriage), e.g.
Ydyn nhw'n briod? — Are they married?
Roedd Richard Burton yn briod ag Elizabeth Taylor. — Richard Burton was married to Elizabeth Taylor.
Bear in mind that we say **yn briod â** and not **yn briod i** and that the verb-noun *to marry* is **priodi**, e.g.
Pryd maen nhw'n priodi? — When are they getting married?

e) **Ta p'un i** is a South Walian variation of: **beth bynnag** — *anyway*.

f) **Wn i ddim** is a concise form of: **Dydw i ddim yn gwybod**.

g) To convey: *of mine,* etc. the forms of the preposition **i** are used **(p. 52)** e.g.
ffrind i fi — a friend of mine
ffrind iddo fe — a friend of his
Mae ffrind iddi hi yn aros gyda nhw. — A friend of hers is staying with them.
Form sentences like the above about friends of yours.

2 er mwyn iddi hi, etc. — so that she/ in order for her, etc.

a) The various forms of the preposition **i** introduces the verb-noun after **er mwyn**. cf. **cyn, ar ôl,** etc. **(L21, N7a). Rhag ofn** (or **rhag**) — *in case of/lest* is also used in a similar way, e.g.
Mi godais yn gynnar er mwyn i ni fedru dal y bws cyntaf. —
I got up early so that we were able to/could catch the first bus.
Rhag ofn i ti golli'r trên cer yn y car i'r orsaf. —
In case you miss the train go in the car to the station.

When the first part of the sentence has established the person that one talks about the **i** part after **er mwyn** is not absolutely necessary, e.g.
Mi godais i'n gynnar er mwyn dal y trên (i.e. **so that I**).

b) Look at the illustrations and complete the accompanying sentences:

(i)   Mae hi'n gwisgo cot fawr rhag ofn . . .
(ii) Fe es i yn y car i'r orsaf rhag ofn . . .
(iii) Fe ddodiff e ei arian yn y banc rhag ofn . . .
(iv) Fe fyddai hi'n well i ti yrru'n araf rhag ofn . . .

Gwers 23

c) Using the **er mwyn i** pattern answer the following questions in any way you wish:
   (i) Pam cododd hi'n gynnar?
   (ii) Pam roedd e'n gweithio'n hwyr?
   (iii) Pam rwyt ti'n mynd i'r banc?
   (iv) Pam mae rhaid i fi ddod i mewn nawr?
   (v) Pam aethon nhw i siop y fferyllydd?

3   Priodas pwy? — Whose wedding?

a) Note the inverted order in Welsh, e.g.
Mab pwy wyt ti?	— Whose son are you?
Llyfr pwy ydy hwn?	— Whose book is this?
Cot pwy ydy hon?	— Whose coat is this?

b) Look at these illustrations and ask in Welsh (i) Whose ... is this/are these? Then reply (ii) _____ ydy _____. (using the information given)

4 priodas ei brawd — her brother's wedding

a) We discussed the pattern: **the — of** on **p. 97**. The construction: **priodas ei brawd** is exactly the same except that the pronoun **ei** precedes the second noun (the possessor), e.g.

plant ei chwaer hi	— her sister's children
syniad ei wraig	— his wife's idea
gwraig fy mrawd	— my brother's wife

Revise relations (**p. 134**) and form combinations similar to the above.

b) Change the following statements into questions beginning with:
Beth ...? and use pattern **(a)**, e.g.
Mae syniad 'da'i wraig. — Beth ydy syniad ei wraig?
   (i) Mae dewis gan ei brawd.
   (ii) Mae car newydd gan ein hewythr.
   (iii) Mae gwaith 'da'ch modryb.
   (iv) Mae diddordebau gan dy fab.
   (v) Mae hoff record gan eich cefnder.

5 Oes e? — Is there? / Are there? etc.

a) Such a question tag can appear at the end of a negative statement in which the subject is indefinite, e.g.
Does dim ffilm dda yn y sinema, oes e? —
There isn't a good film in the cinema, is there?
Does dim plant 'da chi, oes e? —
You haven't got children, have you?
cf. the negative tag **on'd oes (e)**? (**L21, N8a**).

b) Add the appropriate tag to the statements made in **4b**.

c) Change the statements in **4b** into the negative and add the appropriate tag.

6 ynddi hi — in it/ her

a) **Yn** — *in* changes its forms like **wrth** (**L22, N7a**).

ynof i	— in me
ynot ti	— in you
ynddo fe / fo	— in him / it
ynddi hi	— in her / it
ynon ni	— in us
ynoch chi	— in you
ynddyn nhw	— in them

e.g.
(y car) Oes petrol ynddo fe? — Is there petrol in it?
(y tabledi) Dydw i ddim yn credu ynddyn nhw! — I don't believe in them!
(y botel) Mae dŵr ynddi hi. — There's water in it.

b) Fill in the blanks with the appropriate preposition:
    (i) Peidiwch dweud _____ nhw!
    (ii) Fe ddywedaist ti fod petrol _____ fe!
    (iii) Oes rhywbeth _____ nhw?
    (iv) Ddywedaist ti ddim _____ i!
    (v) Oes rhywbeth yn bod _____ fo?
    (vi) Dydy hi ddim yn credu _____ nhw.
    (vii) Oedd annwyd _____ ti?
    (viii) Wyt ti'n gallu gweld y botel fach 'na? Beth sy _____ hi?

7 Wnei di alw ...? — Will you call ...?

a) The various forms and tenses of **gwneud** — *to make, to do* can be used in conjunction with other verbs-nouns.
In this lesson, in particular, note how the future forms of **gwneud (p. 193)** are used to make a request, just as *will you?* is used in English, e.g.
Wnewch chi agor y drws, os gwelwch yn dda? —
Will you open the door, please!
Wnei di gau'r ffenestr, os gweli di'n dda? —
Will you (*fam*) close the window, please?
Remember: the verb-noun which follows **Wnewch chi? / Wnei di?** undergoes a soft mutation **(p. 94)**.
Short forms of **gwneud** are used in the response **(p. 196)**. e.g.
Wnewch chi agor y drws? — Gwnaf / Na wnaf. (*singl.*)
Wnewch chi aros? — Gwnawn / Na wnawn. (*pl.*)
Wnei di ddod? — Gwnaf / Na wnaf.

b) Change the following commands into requests using either **Wnewch chi ...?** or **Wnei di ...?** e.g.
Agorwch y ffenestr! — Wnewch chi agor y ffenestr, os gwelwch yn dda?
    (i) Brysiwch!
    (ii) Galwa am John!
    (iii) Prioda fi!
    (iv) Credwch fi!
    (v) Dychwela'n gynnar!
    (vi) Rhowch y bêl iddo fe!
    (vii) Darllena'n dawel!
    (viii) Gwerthwch eich car i fi!

8 Am — for/about

a) **Am** has personal forms which are:
amdanaf i   amdanon ni
amdanat ti   amdanoch chi
amdano fe / fo   amdanyn nhw
amdani hi

Am follows a number of important verb-nouns and you have already seen most of these:

anghofio am	— to forget about
aros am	— to wait for (*stem:* arhos—)
clywed am	— to hear about (*stem:* clyw—)
cofio am	— to remember
cynnig am	— to apply for (*stem:* cynigi—)
chwerthin am	— to laugh at
chwilio am	— to search for
diolch am	— to thank for
disgwyl am	— to wait for (*stem:* disgwyli—)
dweud am	— to tell about (*stem:* dywed—)
edrych am	— to look for
galw am	— to call for
gofalu am	— to care for, to look after
gofyn am	— to ask for (*stem:* gofynn—)
gwybod am	— to know of
meddwl am	— to think about (*stem:* meddyli—)
siarad am	— to talk about
sôn am	— to mention (*stem:* soni—)
talu am	— to pay for

e.g. Peidiwch sôn amdano fe! — Don't mention him!
Wnewch chi ofalu amdanyn nhw? — Will you look after them?

b) Fill in the blanks with the appropriate form of **am**:
   (i) Anghofia _____ fo!
   (ii) Wyt ti wedi bod yn aros _____ i?
   (iii) Dydych chi ddim wedi clywed _____ nhw?
   (iv) Cofiwch _____ hi.
   (v) Wnei di gynnig _____ hi?
   (vi) Roedden nhw'n chwilio _____ ti.
   (vii) Fe fyddan nhw'n disgwyl _____ ni.
   (viii) Dywedodd e wrthof i _____ chi.
   (ix) Rydw i wedi bod yn edrych _____ deganau i'r plant.
   (x) Wnewch chi alw _____ i?
   (xi) Thalais i ddim _____ nhw.
   (xii) Roeddech chi'n siarad _____ ni.

9 ar fin — about to, on the point of

a) **Ar fin** is directly followed by a verb-noun (or a pronoun and a verb-noun), e.g.

ar fin dod	— about to come
ar fin dechrau	— about to begin
ar fin ei wneud e	— about to do it
ar fin eu bwyta nhw	— about to eat them

b) Each illustration asks: Beth am . . . ?
Respond by saying: Rydw i ar fin . . .
e.g.

Beth am y llestri? — Rydw i ar fin eu golchi.

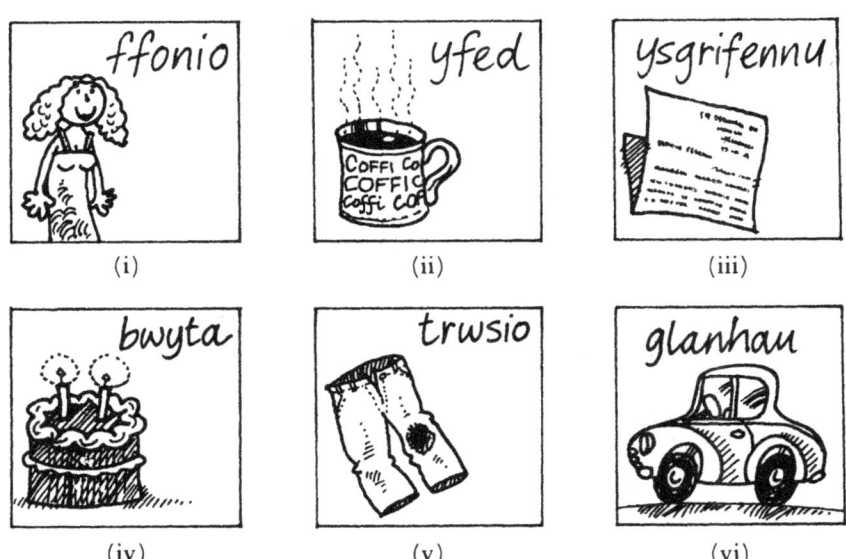

10 i dy 'nôl di, etc. — to fetch you, etc.

a) **I 'nôl** — *to fetch* is in the same class of words as **o flaen (L21, N10a)** in that the pronoun (**dy**) comes between **i** and **'nôl** which can be followed by the supporting pronoun (**di**). The various forms are:

i fy 'nôl i	— to fetch me
i dy 'nôl di	— to fetch you
i'w 'nôl e / o	— to fetch him
i'w nôl hi	— to fetch her
i'n 'nôl ni	— to fetch us
i'ch 'nôl chi	— to fetch you
i'w nôl nhw	— to fetch them

b) Use the above forms and the information given in replying to these questions, e.g.
Pryd dôn nhw i fy 'nôl i? (7.30/ti) —
Fe ddôn nhw i dy 'nôl di am hanner awr wedi saith.
   (i) Pryd daethon nhw i'n 'nôl ni? (1.45)
   (ii) Pryd est ti i 'nôl Gwen a Mair? (2.00)
   (iii) Pryd maen nhw'n gallu dod i 'nôl John a fi? (12.15)
   (iv) Pryd mae rhaid iddyn nhw fynd i 'nôl Alun? (9.40)
   (v) Pryd roedd rhaid i ti fynd i 'nôl Mair? (11.20)
   (vi) Pryd maen nhw'n dod i dy 'nôl di a fi? (2.55)

11 Parting expressions

As she leaves Alwyn, Nest says:
'Fe welaf i ti!' — 'I'll see you!', quite a common parting expression.
Note some others:
Da bo ti! / Da boch chi! — Be good!
Pob hwyl! — Cheerio!
Hwyl fawr! — Cheerio!
Cymer ofal! / Cymerwch ofal! — Take care!
Edrycha ar dy ôl dy hun(an)! / Edrychwch ar eich ôl eich hun(an)! — Look after yourself!
Bydd yn ferch dda / fachgen da! — Be a good girl / boy !

12 Cyfieithwch:

   (i) Would you like (*pl*) a cup of tea?
   (ii) Will they mind if I'll be late?
   (iii) Since when have you been / are you (*fam*) married?
   (iv) Where did they marry?
   (v) Should I wear my coat in case it rains?
   (vi) Whose book is this?
   (vii) I think that they are *my brother's books*. (emphasize)
   (viii) How much water is in it (*m*)?
   (ix) Will you (*pl*) wait for me by the post office?
   (x) Hurry! (*fam*) The train is about to come!
   (xi) If it will be convenient to him a friend of mine will be fetching them from the station.
   (xii) In order for me to get a new book I'll call in the library tomorrow night on my way home from work.
   (xiii) What's your (*pl*) husband's work?
   (xiv) She hasn't got a good part in the film, has she?
   (xv) There's no fire in the lounge, is there?

Gwers 24　Mam fusneslyd! : An inquisitive mother!

Gwrandewch:

Mam: Roeddet ti'n hwyr yn dod i mewn neithiwr. Ble buest ti?
Ifan: Fe fues i yn nhŷ Aled tan oriau mân y bore.
Mam: Fuest ti yno drwy'r nos?
Ifan: Naddo. Fe fuon ni yn y sinema yn gyntaf ond wrth i ni ddod ma's fe gwrddon ni ag Arthur, ac fe aethon ni gyda'n gilydd i gael peint.
Mam: Fuoch chi ddim yn *Y Fuwch Goch,* do fe? Lle garw ydy hwnnw!
Ifan: Naddo, ond yn *Y Ceffyl Du.* Wedyn fe ofynnodd Aled i ni ddod 'nôl gyda fe i'w dŷ fe. Roedd e newydd brynu record o ganeuon gwerin.
Mam: I ba sinema aethoch chi?
Ifan: I ba sinema?
Mam: Ie. *Y Plaza* neu *Y Ritz?*
Ifan: Mam fach, mae *Y Ritz* wedi hen gau. Neuadd fingo ydy hi nawr.
Mam: Dydy dy dad a fi ddim wedi bod yn y sinema ers i ti gael dy eni! Ta p'un i, welaist ti ffilm dda?
Ifan: Roedd y ffilm gyntaf—ffilm antur—yn wael ac yn anniddorol ofnadwy, ac fe fuon ni bron cerdded ma's. Ond diolch byth, roedd yr ail ffilm—ffilm gomedi—yn llawer mwy diddorol a doniol, ac fe fwynheuon ni honno. Bydd rhaid i chi ddod gyda ni rywdro. Beth amdani?
Mam: Cer oddi 'ma! Dwyt ti ddim eisiau mynd â hen wraig fel dy fam yno!

* * * * *

Mother: You were late coming in last night. Where did you go?
Ifan: I was in Aled's house until the early hours of the morning.
Mother: Were you there all night?
Ifan: No. We went to the cinema first but as we came out we met Arthur, and we went together to have a pint.
Mother: You didn't go to *The Red Cow,* did you? That's a rough place!
Ifan: No, but in *The Black Horse.* Then Aled asked us to come back with him to his house. He had just bought a folk songs record.
Mother: To which cinema did you go?
Ifan: To which cinema?
Mother: Yes. *The Plaza* or *The Ritz?*
Ifan: Mother dear, *The Ritz* has long since closed. It is a bingo hall now.
Mother: Your father and I haven't been in the cinema since you were born! Anyway, did you see a good film?
Ifan: The first film—an adventure film—was poor and terribly uninteresting, and we almost walked out. But thank goodness, the second film—a comedy (film)—was much more interesting and funny, and we enjoyed that one. You'll have to come with us sometime. What about it?
Mother: Get away (from here)! You don't want to take an old woman like your mother there!

Gwers 24

1 Geirfa

a)
ail	— second
anniddorol	— uninteresting
antur	— adventure
bach	— dear (*also,* small)
beth amdani?	— what about it?
bingo	— bingo
bron	— almost
buest ti	— you were
busneslyd	— inquisitive
buwch (buchod) (*f*)	— cow
cân (caneuon) (*f*)	— song
ceffyl-au (*m*)	— horse
comedi	— comedy
do fe?	— did you? etc.
doniol	— funny
ers i fi	— since I
fe fues i	— I was
fe fuon ni	— we were
fuoch chi ddim	— you weren't
garw	— rough
gwael	— poor
gwraig (gwragedd) (*f*)	— woman (*also,* wife)
gyda'n gilydd	— together
hen	— a while / ages ago
honno	— that (*female*) one
i ba?	— to which?
ma's	— out
mynd â	— to take
neuadd-au (*f*)	— hall
newydd	— just, recently
oddi 'ma	— from here
rhywdro	— sometime
trafferth (*m*)	— trouble
wrth i ni	— as we

b) **Bach** conveys *dear,* rather than its literal meaning of *small,* when it is used when addressing a person, e.g.
Mam fach! — Mother dear!   Aled bach! — Aled dear!

c) **ers i ti** and **wrth i ni** (**L21, N7a**)

d) **Gwael** refers to *poor in quality* and *health,* rather than being *poor financially* (= **tlawd**), e.g.
Sut mae John heddiw? — Gwael! Mae rhaid iddo fe fynd i'r ysbyty.
Chwaraeodd Cymru'n wael ddydd Sadwrn, ac fe gollon nhw.

e) **Gwraig** means *wife* but is also a more sophisticated word for **menyw** — *woman*.

f) **Ma's** (from **maes**) is used in South Wales whereas **allan** is the word commonly used in North Wales for *out*.

g) **Oddi 'ma** is very often shortened to **o' 'ma** in speech.

h) **ers i ti gael dy eni** — **since you were born** (see **L22, N5a**)

i) **Lle garw ydy hwnnw!** — (lit. **A rough place is that one!**)

2   **fe fues i ... ble buest ti? ... etc.**

a) Learn these forms:
bues i   *or* fe/mi fues i
buest ti
bu e/hi   *or* buodd e/hi
buon ni
buoch chi
buon nhw

Fe fues i, etc. are the past tense forms of **bod** *(to be)* and is the most difficult tense of the **bod** series to explain. The dividing line between it and **roeddwn i**, etc. **(p. 61)** at times is very subtle and indistinct.
The **fe fues i** forms suggests an element of movement and at times it is almost identical with **fe es i**, etc., e.g.
Roeddwn i yn y tŷ. — I was in the house. (i.e. my own house)
Fe fues i yn y tŷ. — I was in the house. (but not in my own house since an element of movement is suggested)
It might be suggested that, at times, **fe fues i,** etc. conveys two ideas simultaneously — *I went* and *I was*, e.g.
Q. Ble buoch chi ddoe? — Where did you go/were you yesterday? (The question presupposes movement on behalf of the person(s) **chi** and that the person(s) went somewhere.)
A. Fe fues i yn y farchnad yn y dref. — I went to/was in the market in town.
It is well worth noting from the above example that **yn** *(in)* rather than **i** *(to)* follows this type of verb.

b) You are asked: 'Ble buoch chi ddoe?' Reply using the information given and complete your sentence as you wish, e.g.
marchnad — Fe fues i yn y farchnad yn prynu buwch.
(i) gêm   (ii) amgueddfa   (iii) garej   (iv) gardd   (v) tref   (vi) clwb

c) 'Beth fuoch chi'n ei wneud neithiwr?' can be translated roughly as: 'What was it that you did last night?' and is almost the equivalent of: 'Beth wnaethoch chi neithiwr?'

Answer the following questions:

(i) Beth fu e'n ei wneud

(ii) Beth fuoch chi'n (*singl*) ei wneud?

(iii) Beth fuon nhw'n ei wneud?

(iv) Beth fuest ti'n ei wneud?

(v) Beth fuoch chi'n (*pl*) ei wneud?

(vi) Beth fu hi'n ei wneud?

d) Fe fues i forms are never used when a reference is made to a specific or fixed time. 'Ble buoch chi am bump o'r gloch!' is incorrect and 'Ble roeddech chi am bump o'r gloch?' is the correct form to use.

e) Question forms are **fuoch chi?** etc. and the negative forms are **fuoch chi ddim**, etc. Fill in the blanks with the appropriate form of **bod**.
  (i) _____ ti maes neithiwr?
  (ii) _____ i yn y tŷ erbyn dau o'r gloch.
  (iii) Pryd _____ nhw yn yr Alban ar eu gwyliau?
  (iv) _____ nhw ddim yma ers tipyn.
  (v) Fe _____ Dylan Thomas farw yn 1953.
  (vi) _____ ni ddim yn yr eglwys ddydd Sul.
  (vii) Ble _____ Mair am wyth o'r gloch?
  (viii) _____ chi erioed yn yr Eidal?
  (ix) Pwy _____ yn 'nôl y plant o'r ysgol?
  (x) _____ y rhaglen ar y teledu am chwarter wedi naw.

f) When **fuoch chi?** etc. questions are asked **Do** or **Naddo** are the appropriate *Yes* and *No* forms (cf. **p. 113**).
Read (or listen to) the conversation between Ifan and his mother again and answer the following questions in full.
  (i) Fu Ifan yn nhŷ Aled neithiwr?
  (ii) Fu e yno drwy'r nos?
  (iii) Pwy gwrddon nhw y tu allan i'r sinema?
  (iv) Fuon nhw yn Y *Fuwch Goch*?
  (v) I'r *Ritz* aethon nhw? Pam?
  (vi) Oedd y ffilm gyntaf yn dda?
  (vii) Beth fuon nhw bron gwneud?
  (viii) Ydy mam Ifan eisiau mynd gyda fe i'r sinema? Pam?

3 **gyda'n gilydd, etc. — together**

a) **Gyda'n gilydd** — *together* comes from **gyda ein gilydd** (i.e. us together). The only other possible forms are:
gyda'i gilydd (two or more people, etc. together); gyda'ch gilydd (you together). It is incorrect to use **gyda'u gilydd.**

b) Fill in the blanks with the correct form of these: gyda'i, gyda'n, gyda'ch:
  (i) Fe aethon ni _____ gilydd.
  (ii) Aethoch chi _____ gilydd?
  (iii) Ydy'r plant yn mynd _____ gilydd i'r dref?
  (iv) Darllenwch _____ gilydd!
  (v) Awn ni _____ gilydd yno?
  (vi) Maen nhw'n canu'n dda _____ gilydd.

4 **mynd â — to take; dod â — to bring**

a) **Cymryd** conveys *to take* in the sense of *to partake of*. **Mynd â** expresses the idea of taking something or someone somewhere, and to convey various tenses **mynd** has to change its form. Similarly, **dod â** — *to bring* changes its form, e.g.
Est ti â'r plant i'r ysgol? — Did you take the children to school?
Fe ân nhw â'r carafan i'r cyfandir. — They'll take the caravan to the continent.
Ydych chi'n gallu dod â rhywbeth i fi o'r siop? — Can you bring something for me from the shop!
Dere â'r papur 'na yma, os gweli di'n dda. — Bring that paper here, please.

b) Use the appropriate form of **mynd** or **dod** instead of the words underlined:
  (i) Fe <u>mynd</u> i â chi yfory.
  (ii) <u>Dod</u> y dyn â llaeth neithiwr?
  (iii) Fe <u>mynd</u> ni â'r arian i'r banc ddoe.
  (iv) <u>Dod</u> ti ddim â dy record newydd ddoe!
  (v) Pwy <u>dod</u> a'r plant adref yfory?

Gwers 24

c) Think of sentences which will include **mynd â** or **dod â**. Remember to vary the person and tense of **mynd** and **dod**, e.g.
Roedd rhaid i fi fynd â'r car i'r garej yr wythnos diwethaf.
Ddaeth y bachgen ddim â'r papur ddoe.

5 do fe? — did you? etc.

a) This is the positive tag to use when a negative short form past tense verb is used. **Do fe?** can refer to any person (i.e. did he? did she? did we? etc.) since **Do** and **Naddo** are **Yes** and **No** responses for all persons (unlike: ydw, ydy, ydyn, etc.), e.g.
Phrynodd hi ddim record, do fe? — She didn't buy a record, did she?
Fuon nhw ddim yn *Y Fuwch Goch*, do fe? —
They didn't go to *The Red Cow*, did they?

On'd do fe? is the negative tag, e.g.
Fe ddywedaist ti ei fod e'n wael, on'd do fe? —
You said that he was poorly, didn't you?
Fe briodon nhw y llynedd, on'd do fe? —
They married last year, didn't they?

b) Replace the underlined words with the past tense verb and add the correct tag:
(i) Fe <u>brysio</u> ni adref o'r sinema, _____?
(ii) <u>Adeiladu</u> e mo'r tŷ ei hunan, _____?
(iii) <u>Bod</u> chi ddim yno, gobeithio, _____?
(iv) <u>Credu</u> ti mohoni, _____?
(v) Fe <u>cynnal</u> nhw'r cyngerdd y llynedd, _____?
(vi) <u>Galw</u> ti ddim amdanaf i neithiwr, _____?
(vii) <u>Gweld</u> chi fy eisiau i, _____?
(viii) <u>Mynd</u> hi â'r plant i nofio, _____?

6 fe ofynnodd Aled i ni — Aled asked us

a) You saw on **p. 104** that gofyn is followed by the preposition i, i.e. *we ask to* (someone) in Welsh. Other verb-nouns in Welsh which are followed by i (which are not followed by *to* in the English equivalent) are:
cynnig — to offer, dangos — to show, diolch — to thank
i.e. we say: offer to, show to, thank to ..., e.g.
Fe gynigiais i dair mil iddo fe am y car. —
I offered (to)him three thousand for the car.
Ddangosaist ti'r gwaith i dy dad! —
Did you show (to)your father the work?
Diolcha iddyn nhw am yr arian pan weli di nhw. —
Thank (to)them for the money when you'll see them.

b) Answer the questions using the cue words provided and complete as you wish, e.g.
Beth wnaeth Aled? (gofyn : ni) — Fe ofynnodd e i ni am weld y llyfr.
  (i) Beth wnaethoch chi? (cynnig : hi)
  (ii) Beth wnaeth Mair; (dangos : fe)
  (iii) Beth wnaeth Siôn? (estyn : John)
  (iv) Beth wnewch chi? (cynnig : nhw)
  (v) Beth wnân nhw? (diolch : chi)
  (vi) Beth wnest ti? (dangos : dyn)

c) Respond to these two statements in as many ways as possible using any form of: cynnig i, gofyn i, diolch i, dangos i.
  (1) Fe alwodd John a Mair i fy ngweld i neithiwr.
    (e.g. Gynigiaist ti gwpanaid o goffi iddyn nhw?)
  (ii) Mae Sara'n dod heno.
    (e.g. Bydd rhaid i fi ofyn iddi hi am docyn.)

7 newydd brynu/ hen gau

a) Newydd (meaning *new*) can precede a verb-noun to convey *just/newly*, e.g.
newydd farw — just died, newydd godi — just got up.
Hen (meaning *old*) can also precede a verb-noun, and it conveys *ages ago/ a long time ago*, e.g.
hen werthu'r car — sold the car ages ago.
Maen nhw wedi hen werthu'r tŷ — They have sold the house ages ago!
Newydd and hen are followed by a soft mutation (cf. **p. 69, N5d**).

b) Place **newydd** in front of the following verb-nouns and complete the sentences:
  (i) prynu,   (ii) gwerthu,   (iii) mynd,   (iv) gwneud,   (v) symud.

c) Place **hen** in front of the following verb-nouns and complete the sentences:
  (i) rhoi'r gorau i,   (ii) paratoi,   (iii) penderfynu,   (iv) codi,   (v) bod.

8 I ba sinema ...? — To which cinema ...?

a) I ba ...? asks *to which* ... and is followed by a noun which undergoes a soft mutation (cf. **p. 154**), e.g.
I ba gaffi aethoch chi? — To which café did you go?

b) Look at the illustrations and ask: 'I ba + *a building* ...?' (ending with the past tense form of **mynd**), e.g.

I ba gaffi aethoch chi?

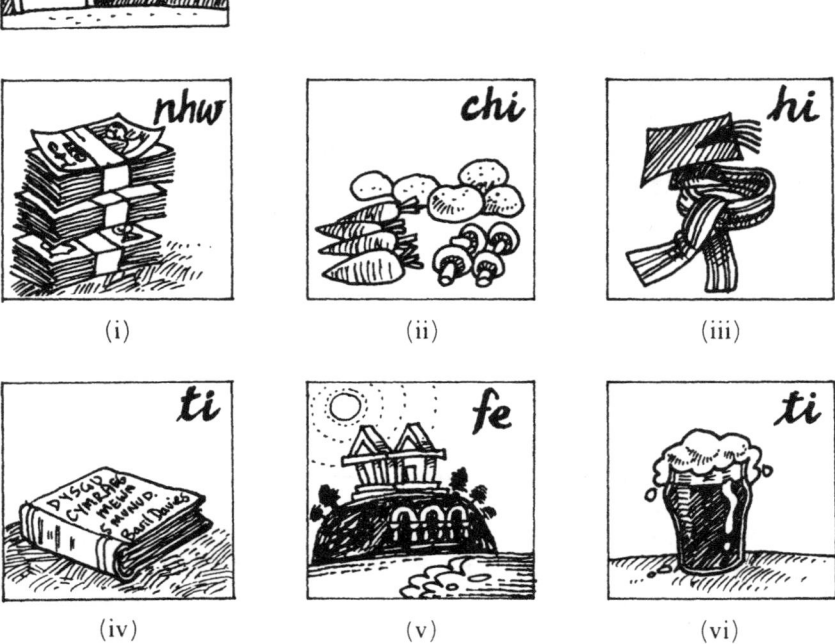

9 bron ... almost

a) **Bron** precedes a verb-noun to convey *almost* cf. bron yn (**p. 62**), e.g.
bron cysgu — almost sleeping
bron torri — almost broke
bron gorffen — almost finished
Pan ffeindion nhw'r dyn roedd e bron marw —
When they found the man he was almost dying.

Â follows **bron** in the literary language and it's followed by an aspirate mutation, e.g.
bron â chysgu; bron â thorri; bron â phrynu.
Note also that **yn** or **wedi** isn't used when **bron** is in the sentence, e.g.
Roedd e'n cysgu. — Roedd e *bron* cysgu.

b) Place **bron** in the following sentences, e.g.
Mae'r ffilm yn gorffen. — Mae'r ffilm bron gorffen.
   (i) Roedd y trên yn gadael.
   (ii) Ydyn nhw'n dod?
   (iii) Ydy'r tatws yn berwi?
   (iv) Roedd hi'n medru agor y ffenestr.
   (v) Roedden ni'n prynu record newydd.
   (vi) Roedd y dyn yn y garej wedi gorffen trwsio'r car.
   (vii) Ydy hi wedi gwario ei harian i gyd?
   (viii) Roedd Mair wedi colli'r bws.

10 ail — second

a) We saw that **cyntaf** — *first* follows the noun (**L22, N9a**). **Ail** precedes the noun and is followed by a soft mutation, e.g.
yr ail ferch   — the second girl
yr ail fachgen   — the second boy
yr ail dŷ   — the second house
yr ail ryfel byd   — the second world war

b) Change **ail** to **cyntaf** and vice versa:
   (i) Pryd dechreuodd yr ail ryfel byd?
   (ii) Fwynheuaist ti'r rhaglen gyntaf?
   (iii) Ei ail briodas e ydy hi.
   (iv) Beth ydy eich dewis cyntaf?
   (v) Pwy oedd yr ail gyflwynydd?
   (vi) Doeddwn i ddim yn hoffi'r gân gyntaf.
   (vii) Mae e ar ei ail flwyddyn yn yr ysgol.
   (viii) Fe redon nhw'r filltir gyntaf yn gyflym.

11 Dywedodd Ifan wrth ei fam:

a) 'Bydd rhaid i chi ddod gyda ni rywdro.'
Think of different ways that Ifan could say something similar (but to other people besides his mother), e.g.
   (i) Beth am ddod gyda ni?
   (ii) Oes awydd dod i'r sinema gyda fi arnat ti?
   (iii) Ydych chi'n gwneud rhywbeth arbennig heno?
   (iv) Hoffet ti ddod gyda fi i'r sinema?

b) Note how Ifan's mother declined Ifan's offer:
'Dwyt ti ddim eisiau mynd â hen wraig . . .'
Again, think of different ways of declining an offer, e.g.
   (i) Diolch yn fawr, ond mae'n flin 'da fi . . .
   (ii) Fel mae'n digwydd rydw i wedi trefnu mynd yno gyda rhywun arall.
   (iii) Dyna drueni! Fe hoffwn i fod wedi gweld y ffilm ond . . .
   (iv) Dydw i ddim yn gallu mynd nos Sadwrn yn anffodus, ond fe fyddai nos Wener yn gyfleus i fi.

12 Cyfieithwch:

(i) The old lady had been poorly since she lost her husband two years ago.
(ii) I was/went there last night but I didn't see you (*fam*).
(iii) Have you (*pl*) ever been to Ireland? — Yes.
(iv) They are good together but they are poor on their own.
(v) Mair dear, we'll have to take the children to see my parents.
(vi) They didn't enjoy the concert, did they?
(vii) May I offer you (*pl*) a drink?
(viii) I've heard that they have just sold their house.
(ix) To which hotel did they go?
(x) What was the name of that (*masc*) one by the door?
(xi) I must go to bed — I'm sleeping almost!
(xii) They ran the second mile faster than the first (one).
(xiii) We would like to go there together, if that's possible.
(xix) Will you (*fam*) bring money from the bank?
(xv) She was brought up in North Wales, wasn't she?

Gwers 25   Dyffryn yn y Gogledd : A Valley in the North

Gwrandewch:

Tybed a fuoch chi erioed yn Nyffryn Nantgwyn? Mi ges i fy ngeni yno er fy mod i ddim wedi byw yn y Dyffryn ers blynyddoedd bellach—ers i'r chwarel olaf gau, mewn gwirionedd.

Ar ddechrau'r ganrif roedd y Dyffryn yn ardal ddiwydiannol brysur, fel llawer o ardaloedd yng Ngogledd Cymru. Roedd miloedd o ddynion yn arfer gweithio yn y chwareli llechi pan oedd y diwydiant llechi yn ei anterth. Ond daeth tro ar fyd; doedd dim cymaint o alw am y llechi a chaewyd y rhan fwyaf o'r chwareli.

Dioddefodd y Dyffryn yn fawr oherwydd diweithdra wedi i'r chwareli gau a phrinder gwaith ydy un o broblemau mwyaf yr ardal. Does dim tir amaethyddol da yno gan fod y tir braidd yn greigiog a mawnog a'r wlad o gwmpas braidd yn fynyddig. Mae'r ffermydd yn fach a gwasgaredig ar y cyfan a does dim llawer o waith arnyn nhw, yn arbennig ar y tyddynnod ar y mynydd-dir. Mewn gwirionedd, yn yr hen ddyddiau arferai'r tyddynwyr weithio yn y chwareli yn ystod y dydd a ffermio gyda'r nos.

Fel y gwyddoch chi, mae'r diwydiant ymwelwyr yn bwysig yng Ngwynedd a daw miloedd bob haf i syllu ar y golygfeydd, i gerdded ar y mynyddoedd, i hwylio o gwmpas yr arfordir neu, i ymlacio ar y traethau. Ond dydy'r diwydiant ymwelwyr ddim yn ddigon i gynnal economi'r ardal ac adeiladwyd ambell ffatri. Ond mae angen llawer mwy o ddiwydiannau ysgafn yn yr ardaloedd gwledig, yn gyffredinol, i atal y diboblogi sy'n digwydd yng nghefn gwlad Cymru.

Bu'n rhaid i lawer o deuluoedd adael y Dyffryn i chwilio am waith yng Nghanolbarth Lloegr, Glannau Merswy a Llundain. A rŵan, mae pobl o'r canolfannau poblog 'ma'n prynu tai haf yn ardaloedd y chwareli llechi. Daeth tro ar fyd, on'd do?

* * * * *

I wonder whether you've ever been in Nantgwyn Valley? I was born there although I haven't lived in the Valley for years now—since the last quarry closed, in fact.

At the beginning of the century the Valley was a busy industrial area, like many areas in North Wales. Thousands of men used to work in the slate quarries when the slate industry was at its height. But things changed; there wasn't as much demand for the slates and most of the quarries were closed.

The Valley suffered greatly because of unemployment after the quarries closed and lack of work is one of the area's biggest problems. There isn't good agricultural land there since the land is rather rocky and peaty and the surrounding countryside rather mountainous. The farms are small and scattered on the whole and there isn't a lot of work on them, particularly on the small-holdings on the hill-country. In fact, in the old days the small-holders used to work in the quarries during the day and farm in the evening.

As you know, the tourist industry is important in Gwynedd and thousands come every summer to gaze at the scenery, to walk on the mountains, to sail around the coast or to relax on the beaches. But the tourist industry isn't sufficient to maintain the economy of the area and an occasional factory was built. But there is a need for many more light industries in the rural areas, generally, to stop the depopulation which is occurring in the Welsh countryside.

Many families had to move from the Valley to look for work in the Midlands, Merseyside and London. And now, people from these populous centres are buying holiday homes in the slate quarrying areas. Things have changed, haven't they?

1 Geirfa

a) Many of the following nouns pertain to rural Wales:

angen (anghenion) (*m*)	— need
arfordir (*m*)	— coast
canolbarth-au (*m*)	— midland/middle part of a country
Canolbarth Lloegr	— The Midlands
canolfan-nau (*f*)	— centre
canrif-oedd (*f*)	— century
cefn gwlad (*m*)	— hinter land/countryside
chwarel-i (*f*)	— quarry
diweithdra (*m*)	— unemployment
diwydiant (diwydiannau) (*m*)	— industry
dyffryn-noedd (*m*)	— valley
economi (*m*)	— economy
fferm-ydd (*f*)	— farm
galw (*m*)	— demand
Glannau Merswy/Mersi	— Merseyside
golygfa (golygfeydd) (*f*)	— view, scenery
llech-i (*f*)	— slate
mil-oedd (*f*)	— thousand
mynydd-dir (*m*)	— hill-country
prinder (*m*)	— scarcity, lack of
problem-au (*f*)	— problem
tir-oedd (*m*)	— land
traeth-au (*m*)	— beach
tyddyn-nod (*m*)	— small-holding
tyddynnwr (tyddynwyr) (*m*)	— small-holder
tŷ haf (tai haf) (*m*)	— holiday home (*lit.* summer house)
ymwelydd (ymwelwyr) (*m*)	— visitor, tourist

b) Many of these adjectives describe a rural area:

amaethyddol	— agricultural
creigiog	— rocky
diwydiannol	— industrial
gwasgaredig	— scattered
mawnog	— peaty
mynyddig	— mountainous
poblog	— populous

Link the above adjectives with suitable nouns and place them in sentences.

2 Rewrite the following sentences bearing in mind that the adjectives in brackets are in a position to undergo a soft mutation (**p. 41**).
   (i) Roedd e'n byw yn ystod y ganrif (diwethaf).
  (ii) Mae 'na olygfa (bendigedig) o gopa'r wyddfa.
 (iii) Fferm (bach) ar yr arfordir ydy hi.
 (iv) Dydy Dyffryn Nantlle ddim yn ardal (poblog) o gwbl.
  (v) Gwlad (mynyddig) ydy'r Alban ar y cyfan.

3 Amrywiol

a)

a (s.m)	— whether
ambell	— occasional
arbennig	— particular
arnyn nhw	— on them
bellach	— now, anymore, henceforth
cyffredinol	— general
fel y gwyddoch chi	— as you know
oherwydd	— because
olaf	— last (i.e. final)
on'd do?	— hasn't it? etc.
rŵan	— now
tro ar fyd	— (see **Niv**)
tybed	— (I) wonder
wedi	— after
yn ei anterth	— at its height/zenith
y rhan fwyaf o	— most of

b) **Bellach** conveys *anymore (now)* when the context refers to the present, e.g.
Dydy hi ddim yn byw yno bellach —
She doesn't live there anymore (now).
When the context refers to the future it conveys **henceforth**, e.g.
Fe fyddan nhw, bellach, yn dod yn y car bob dydd —
Henceforth, they'll be coming every day in the car.

c) **Olaf** means *last* in the sense of *final*, so bear in mind the difference between **olaf** and **diwethaf** (last/previous).
Aethon ni i'r Alban yr wythnos diwethaf. —
We went to Scotland last week.
Aethon ni i'r Alban yn ystod wythnos olaf y gwyliau —
We went to Scotland during the last/final week of the holidays.

d) **On'd do?** is the North Walian form for **on'd do fe?** (**L24, N5a**).

e) **Tro ar fyd** means *things/circumstances/change*. The idiom is usually linked with the verb-noun **dod** — *to come*, e.g.
Daeth tro ar fyd!   — Things have changed!
Daw tro ar fyd!   — Things will change!

f) **Tybed** — *I wonder* or *one wonders* (cf. gobeithio **p. 191**).
People also say: **ys gwn i** which shortens to: **sgwn i**.

g) **wedi i** (see **L21, N7a**)

h) The pronoun preceding **anterth** can vary according to the person(s)/ thing(s) that we talk about, e.g.
Yn fy anterth   — in my prime
Note how **anterth** changes to **hanterth** after **ei** (*fem*) and **ein** and **eu** (**p. 70** and **84**).

Think of when famous people were at the peak of their careers, e.g.
Roedd David Lloyd George yn ei anterth rhwng 1916 a 1922.

4 ambell + noun

a) **Ambell** — *some, few, occasional* precedes a singular noun which undergoes a soft mutation, e.g.
ambell lyfr   — occasional book
ambell raglen   — occasional programme
Learn also: **ambell waith** and **ambell dro** which mean *sometimes/occasionally*, e.g.
Roedd e'n arfer mynd yno ambell dro. — He used to go there sometimes.

Very often in spoken Welsh the preposition **i** links **ambell** and the noun but the soft mutation still remains, e.g.
Rydw i'n hoffi ambell i beint. — I like an occasional pint.
Roedd e'n arfer dod ambell i waith. — He used to come occasionally.

b) Create sentences containing **ambell i** using the following cue words:
e.e. afal: Rydw i'n bwyta ambell i afal coch ar ôl cinio.
- (i) gwisg
- (ii) cwpanaid o goffi/de
- (iii) bore braf
- (iv) rhaglen
- (v) gwydraid o win
- (vi) noson
- (vii) llyfr
- (viii) wythnos

5 A — Whether

a) A is followed by a verb. The **bod** — *to be* verbs which follow **a** are exactly like the question forms of **bod**, i.e.
Ydy, oes, oeddech, fydd, etc., e.g.

Tybed a *ydy* hi'n dod? — I wonder whether she's coming?
Tybed a *ydyn* nhw'n mynd? — I wonder whether they are going?
Tybed a *oeddech* chi yno? — I wonder whether you were there?
Dydw i ddim yn gwybod a *oes* tocynnau ar gael? —
I don't know whether there are tickets available?

The verb which follows **a** undergoes a soft mutation, e.g.
Tybed a glywoch chi'r newyddion —
I wonder whether you heard the news?
Doedd e ddim yn gwybod a fyddai fe'n gallu dod. —
He didn't know whether he'd be able to come.

Often, this **a** construction is followed by the expression *or not* which in Welsh is **ai peidio**, e.g.
Wn i ddim a oedd John yno ai peidio. —
I don't know whether John was there or not.

In everyday speech this **a** is hardly discernible.

b) Change the following statements so that they are preceded by **Wn i ddim** and are followed by **ai peidio**, e.g.
Roedd John yno. — Wn i ddim a oedd John yno ai peidio.
- (i) Mae gêm ddydd Sadwrn.
- (ii) Rydyn ni'n gallu mynd.
- (iii) Roedden nhw'n brin.
- (iv) Fe fydd Rhys yno.
- (v) Caeodd hi'r drws.
- (vi) Fe brynwn ni'r tŷ 'na.
- (vii) Dôn nhw yfory.
- (viii) Gallwn ni gael tocyn.

c) Get your partner to make positive statements and you precede them with **Tybed** or **Wn i ddim**, and proceed to use the **a** construction, e.g.
Mae gêm ddydd Sadwrn. — Tybed/Wn i ddim a oes gêm ddydd Sadwrn.

6 Berfenwau

a)

adeiladu	— to build
arfer	— to use to, to accustom
atal	— to stop, to prevent
cau	— to close, to shut
diboblogi	— to depopulate
ffermio	— to farm
hwylio	— to sail
syllu (ar)	— to stare (at), to gaze (at)
ymlacio	— to relax

b) Place the following verbs in sentences:
(i) fe adeiladodd (ii) arferwn i (iii) ataliwyd
(iv) fe gaeaf i (v) hwyliet ti? (vi) Ymlaciwch
Note that the stem of **atal** is **atali—** and that **cau** changes to **cae—**.

7 Ar forms

a) **Ar** — *on* like **am, wrth, yn, i,** etc. has personal forms as you have already seen on **p. 49**. **Ar** or its forms is an essential preposition after some verb-nouns, e.g.

blino ar	— to tire of
cael gafael ar	— to get hold of
cael gwared ar	— to get rid of
curo ar	— to knock at/on
edrych ar	— to look at
effeithio ar	— to affect
galw ar	— to call on
gwrando ar	— to listen to
rhoi bai ar	— to attribute blame to
sylwi ar	— to notice

e.g.,
Sylwaist ti arno fo! — Did you notice him?
Rydw i eisiau cael gwared arnyn nhw. — I want to get rid of them.

b) Fill in the blanks with the appropriate **ar** form:
(i) Mi flinais i _____ y ffilm ac mi gerddais i allan.
(ii) Glywaist ti rywun yn curo _____ y drws?
(iii) Paid edrych _____ i fel 'na!
(iv) Ydy e wedi effeithio _____ nhw?
(v) Sylwon ni ddim _____ hi o gwbl.
(vi) Fedret ti alw _____ fe ar dy ffordd adref?
(vii) Fe edrychais i _____ ti ond doeddet ti ddim yn edrych _____ i.
(viii) Mae e wedi cael gwared _____ nhw ers tipyn.
(ix) Fe ddylwn i fod wedi cael gafael _____ chi.

c) Fill in the blanks with the appropriate preposition:
   (i) Dywedwch _____ nhw.
   (ii) Peidiwch ymddiried _____ fo!
   (iii) Gofynnais i _____ chi ble roedd y papur.
   (iv) Ffonia Mair a gofynna _____ hi am ei mam.
   (v) Wrandawoch chi ddim _____ i!
   (vi) Dydw i ddim yn credu _____ nhw.
   (vii) Ddiolchaist ti _____ nhw am yr anrheg?
   (viii) Allaf i alw _____ chi heno?
   (ix) Cofiwch edrych _____ hi ar y teledu!
   (x) Ddangoson nhw ddim hwnna _____ 'r plant.

8 A person says: 'Naddo, fues i erioed yng Ngogledd Cymru,' in response to the question: 'Fuoch chi erioed yng Ngogledd Cymru.' Try to convince that person that North Wales is well worth a visit. Vary your patterns as much as possible. Try and add to the following examples:
   (i) Mae rhaid i chi fynd i weld Castell Caernarfon.
   (ii) Dwyt ti erioed wedi gweld Pont Menai?
   (iii) Fe ddylet ti weld yr olygfa o gopa'r Wyddfa.
   (iv) Fe allech chi dreulio oriau'n gwylio'r dringwyr yng Nghwm Ogwen.
   (v) Peidiwch colli'r cyfle i fynd ar drên bach. Mae nifer yn y Gogledd.
   (vi) Ewch dros Bont Menai i Ynys Môn—fe gewch olygfa fendigedig o Eryri (Snowdonia).
   (vii) Fe gei di ddigon o gyfle i bysgota!
   (viii) Mae miloedd yn ymweld â Chwarel y Gloddfa Ganol bob blwyddyn.

9 Angen — need

a) Like **eisiau (p. 152) angen** is followed by the **AR** pattern, e.g.
Mae angen bwyd arnon ni i fyw. — We need food in order to live.

Remember: i — in order to (p. 175)

b) Make a list of the bare necessities of life and use the pattern shown in (a).

10 Arfer — used to, to accustom

a) Often we can convey **arfer** without using the actual word, e.g.
Pan oeddwn i'n fach roeddwn i'n chwarae ar fy mhen fy hun.
In the above sentence the **I was** element suggests a habitual / *used to* action. But to *emphasize* the habitual action we use **arfer** and it functions as a normal verb-noun, e.g.
Roeddwn i'n arfer ysmygu. — I used to smoke.
Roedden nhw'n arfer byw yng Nghanolbarth Cymru. — They used to live in Mid-Wales.
Ble roeddech chi'n arfer gweithio? — Where did you used to work?
The *would* or conditional endings (**L22, N2a**) can be added to **arfer**, e.g.
fe arferwn i . . . — I used to . . .
arferai'r tyddynwyr . . . — the small-holders used to . . .
These short forms are usually a feature of the literary language.

b) Place the following words in sentences and complete as you wish. Link all the verb-nouns with the long form of **arfer**, e.e.
Ble/e/byw — Ble roedd e'n arfer byw
                      pan oedd e yng Nghaerdydd?

   (i) Ble/ti/byw
  (ii) Ble/chi/gweithio
 (iii) nhw/mwynhau
 (iv) i/chwarae
  (v) Pam/e/dal
 (vi) hi/mynd â
(vii) i/bod
(viii) I ble/mynd
 (ix) ni/dod â
  (x) Sut/ti/teithio

11 Cyfieithwch:

   (i) They don't farm there anymore.
  (ii) When was the last slate quarry closed?
 (iii) People don't need slates now.
 (iv) I wonder whether there will be many visitors in the centre?
  (v) When was the slate industry at its peak?
 (vi) I'm not sure whether I bought them or not.
(vii) She had been trying to get hold of us all day.
(viii) Look at yourself! (*fam*) — What's wrong with me?
 (ix) Don't (*pl.*) blame me!
  (x) After I left school I used to go occasionally on a Saturday to see Liverpool playing soccer.
 (xi) Only an occasional slate quarry is open in North Wales now.
(xii) Thousands of visitors visit the centre every year.
(xiii) They need thousands of pounds to repair the church.
(xiv) Will you (*fam*) call on us when you'll be in town? — Yes.
 (xv) Did you (*pl.*) used to live in Mid-Wales? — Yes.

Gwers 26 Dydw i ddim yn cael! I'm not allowed to!

Gwrandewch:

A (i) Dadi, gaf i fynd ma's i chwarae gydag Elwyn?
 (ii) Na chei, mae'n hen bryd i ti wneud dy waith cartref. Ta p'un i, mae hi wedi tywyllu.

B (i) Beth am fynd i'r disgo gyda'n gilydd heno?
 (ii) Dydw i ddim yn cael mynd. Fe ddywedodd 'nhad fod rhaid i fi adolygu ar gyfer yr arholiadau. Rydw i'n dweud wrthot ti, maen nhw'n fy nhrafod i fel plentyn bach!

C (i) Wnewch chi f'esgusodi i, os gwelwch yn dda? Rydw i am glywed y côr 'na'n canu!
 (ii) Mae'n flin 'da fi, syr, ond chewch chi ddim mynd i mewn tan i'r gystadleuaeth orffen. Fe fydd hi drosodd yn y man.

D (i) Fe wnaethoch chi fynd i mewn i'r gêm wedi'r cyfan, te! Roeddwn i'n meddwl bod dim tocynnau 'da chi!
 (ii) Fe arhoson ni nes iddi hi ddechrau ac yna fe gawson ni fynd i mewn drwy dalu wrth y glwyd.

E (i) Does dim hawl 'da ni barcio ar y llinellau melyn dwbl 'ma, oes e?
 (ii) Nac oes, rydw i'n gwybod hynny, ond fe gawn ni barcio yr ochr arall am hanner awr ar y tro.

F (i) Chei di byth fenthyg fy nghar i eto os taw fel 'na rwyt ti'n trafod eiddo pobl eraill!
 (ii) Ond rydw i'n dweud wrthoch chi! Nid fy mai i oedd y ddamwain! Rhywun drawodd i mewn i fi!

G (i) Tan pryd bydd Sion yn yr ysbyty?
 (ii) Fe ddywedodd y meddyg y caiff e ddod ma's pan fydd ei wres yn normal.

* * * * *

A (i) Dad, may I go out to play with Elwyn?
 (ii) No, it's high time for you to do your homework. Anyway, it has gone dark.

B (i) What about going to the disco together tonight?
 (ii) I'm not allowed to (go)! My father said that I've got to revise for the examinations. I'm telling you, they are treating me like a small child!

C (i) Will you excuse me, please? I want to hear that choir singing!
 (ii) I'm sorry, sir, but you will not be allowed in until the competition ends. It will be over presently.

D (i) You did go into the game after all, then! I thought that you didn't have tickets!
   (ii) We waited until it started and then we were allowed in by paying at the gate.

E (i) We have no right to park on these double yellow lines, have we?
   (ii) No, I know that, but we are allowed to park the other side for half an hour at a time.

F (i) You will never be allowed to have the loan of my car again if that's how you treat other people's property!
   (ii) But I'm telling you! The accident wasn't my fault! (It was) someone knocked into me!

G (i) Until when will Sion be in hospital?
   (ii) The doctor said that he'll be allowed out when his temperature will be normal.

1 Geirfa

a)

adolygu	— to revise
am	— to want
ar gyfer	— in preparation for, in readiness for
ar y tro	— at a time
benthyg (*m*)	— loan
cael	— to allow (*also,* to get, to have)
clwyd -i (*f*)	— gate
cystadleuaeth (cystadlaethau) (*f*)	— competition
damwain (damweiniau) (*f*)	— accident
disgo (*m*)	— disco
drosodd	— over
drwy (*s.m.*)	— by (*also,* through)
dwbl	— double
eiddo (*m*)	— property
esgusodi	— to excuse
fel 'na	— like that
gwaith cartref (*m*)	— homework
hawl -iau (*m*)	— right
hen bryd (i)	— high time
llinell -au (*f*)	— line
nes (i)	— until
normal	— normal
ochr -au (*m*)	— side
parcio	— to park
rhywun (rhywrai) (*m*)	— someone
tan (i)	— until
tan pryd?	— until when?

taro	— to hit, to strike, to knock
trafod	— to treat (*also*, to handle)
tywyllu	— to darken
wedi'r cyfan	— after all
yn y man	— presently

b) **Drosodd** means *over* and it can stand independently like the English word, e.g.
Ydy'r gêm drosodd? — Is the game over?
Fe fues i drosodd yn America. — I was/went over to/in America.

c) **Drwy** (followed by a soft mutation) can mean *through* or *by* (*the means of*).
e.g. Oes rhaid i fi fynd drwy Gaernarfon i fynd i Fangor? —
Must I go through Caernarfon to go to Bangor?
Fe allen ni gasglu digon o arian drwy gynilo ein harian poced. —
We could collect enough money by saving our pocket money.

d) **Nes i** and **tan i** (see **L21, N7a**)
Nes and **tan** are synonymous but when followed by a noun **tan** causes a soft mutation, e.g.
Arhoswch tan ddydd Sadwrn! — Stay until Saturday!
Wyt ti'n gallu aros tan bedwar o'r gloch? — Can you stay / wait until four o'clock?

e) Note how to ask **Until when** . . . ? **Tan pryd** . . . ? e.g.
Tan pryd rydych chi'n aros? — Until when are you staying?
Tan pryd mae rhaid i ni aros? — Until when must we wait/stay?
Tan pryd gallen ni aros? — Until when could we stay?

f) **Taro** — *to hit, to strike* changes to **traw**— when an ending is added to it, e.g.
Mi drawais i i mewn i gar arall. — I knocked into another car.

g) Learn: *if that is how* — **os taw fel 'na.**

2 ar gyfer — in preparation for / in readiness for (an event)

a) **Ar gyfer** is used to convey: *in preparation for* or *in readiness for* an event (and an institution as such), e.g.
Maen nhw'n casglu arian ar gyfer yr eisteddfod — They are collecting money for the eisteddfod.
Fe weithiodd hi'n galed ar gyfer yr arholiadau. — She worked hard for the examinations.

Ar gyfer can be followed by a verb noun, e.g.
Roedden nhw'n glanhau'r waliau ar gyfer peintio'r tŷ. — They were cleaning the walls in readiness for painting the house.
Roedden nhw'n glanhau'r waliau ar gyfer eu peintio. — They were cleaning the walls in readiness for painting them.

b) Use the information given in brackets and the idiom **ar gyfer** in reply to these questions, e.g.
Pam roedden nhw'n glanhau'r waliau? (peintio'r tŷ).
Roedden nhw'n glanhau'r waliau ar gyfer peintio'r tŷ.
   (i) Pam roedden nhw'n casglu arian? (yr eisteddfod)
   (ii) Pam mae rhaid iddi hi adolygu? (yr arholiadau)
   (iii) Pam prynodd hi wlân? (gwneud cardigan)
   (iv) Pam golchodd e'r car? (mynd i briodas)
   (v) Pam rydych chi'n glanhau'r ffrwythau? (eu bwyta)

3   Rydw i am weld ... — I want to see ...

a) **Am** can precede a verb-noun to express *intention* or *wish, wants to, wishes to*, and it's followed by a soft mutation, e.g.
Roeddwn i am fod yn athro. — I wanted / wished to be a teacher.
Ydych chi am fwyta nawr? — Do you wish to eat now?
Am can almost be substituted with the word **eisiau** in such a pattern, but **am**, somehow, conveys a more intense, firm desire to want something than **eisiau**. Note also:
Rydw i am ei weld e. — I want to see him (**p. 164**).

b) A question is asked or a statement made. Follow each of these with a reason and use **achos fy mod i am ...** in each instance, e.g.
Fyddaf i ddim yn y tŷ pan ddowch chi i mewn heno ... achos fy mod i am ymweld â Mrs. Jones. Rydw i wedi clywed ei bod hi'n dost.
   (i) Fe af i i'r tŷ i 'nôl y camera.
   (ii) Gaf i weld y papur 'na am funud?
   (iii) Gaf i *Y Times*, os gwelwch yn dda?
   (iv) Oes paent gwyn 'da chi?
   (v) Ble mae'r papur ysgrifennu?
   (vi) Mae rhaid i fi fynd i'r banc.
   (vii) Fyddaf i ddim gartref yn gynnar heno, cariad.
   (viii) Mae rhaid i fi wneud yn dda yn yr arholiadau.

4   Cael — to allow

a) We saw that **cael** was a key word in conveying the passive voice (**L21, N3a**). **Cael** has a key role in conveying *to allow* also, e.g.
Rydw i'n cael mynd. — I'm allowed to go.
Fe gawson nhw weld y ffilm. — They were allowed to see the film.
Doedden ni ddim yn cael ysmygu ar y bws. — We weren't allowed to smoke on the bus.
Gaf i fynd i'r theatr gyda nhw? — May I (be allowed to) go to the theatre with them?
Chewch chi ddim mynd i mewn heb docyn! — You will not be allowed (to go) in without a ticket!

Who allows is conveyed by the word **gan** (cf. passive voice), e.g.
Dydw i ddim yn cael mynd i'r gwaith gan y meddyg. — I'm not allowed to go to work by the doctor.

b) Fill in the blanks with the appropriate form of **cael**.
   (i) Fe _____ di ddod gyda fi nos yfory os bydd arian 'da ti.
   (ii) _____ nhw ddim canu yn y tafarn neithiwr.
   (iii) Pam doeddet ti ddim yn _____ dod gyda ni?
   (iv) _____ ti adael y gwaith yn gynnar ddoe?
   (v) Dydw i ddim yn _____ chwarae allan yn y glaw gan mam.
   (vi) _____ nhw ddim mynd i mewn nos yfory heb docyn.
   (vii) _____ i fenthyca'r llyfr 'na, os gweli'n dda?
   (viii) _____ ni weld y ffilm sy ar y teledu am saith o'r gloch?

c) If a short form of the past tense of **cael** is used in a question, **do** or **naddo** are the *yes* and *no* forms (**p. 82**), e.g.
Gest ti weld y ffilm? — Do/Naddo.

But if a short form of the future tense of **cael** is used in a question there are special **cael** responses (rather than using **gwneud** forms as shown on **p. 196**). Learn these:

caf   — yes (I may)
cei   — yes (you may)
caiff   — yes (he/she/it may)
cawn   — yes (we may)
cewch   — yes (you may)
cân   — yes (they may)

(Note that we don't say **Fe gaf i**, etc. in the *yes* response. The *no* responses are **na chaf**, etc.

d) What are the correct **yes** and **no** responses for each of the following questions?
   (i) Gaf i yrru dy gar di?
   (ii) Gân nhw chwarae gyda fi?
   (iii) Gest ti gysgu'n hwyr?
   (iv) Gei di aros ma's yn hwyr nos yfory?
   (v) Gawsoch chi fynd i'r ddawns?
   (vi) Wyt ti'n cael dod?
   (vii) Gaiff hi ddod gyda ni?
   (viii) Gafodd e weld y rhaglen?

e) When we ask permission to do something we often add reasons for asking permission, e.g.
Gaf i ddefnyddio eich ffôn, os gwelwch yn dda? Mae rhaid i fi ffonio John ...

Rydw i wedi trio dair gwaith y bore 'ma ...

Doedd y ffôn ar gornel y stryd ddim yn gweithio ...

Roeddwn i i fod i'w ffonio fe amser cinio ond ...

Fe ddywedodd e y byddai fe'n ...

Add to the above.

f) You are in your friend's house. Ask permission (and develop the conversation!) to: (i) smoke (ii) use the telephone (iii) move to another chair (iv) see a particular T.V. programme.

g) Play the role of an employee and an awkward, inquisitive boss. The employee wants permission to:
(i) have a day off (ii) leave early one day (iii) move to another room to work

5 Fe wnaethoch chi fynd ... — You did go ...

a) Forms of the verb-noun **gwneud** — *to make, to do* are commonly used (as auxiliary verbs) in conjunction with other verb-nouns. You have already seen one aspect of this use of **gwneud** in **wnewch chi?** / **Wnei di? (L23, N7a)**.

Forms of **gwneud** can be used in the affirmative, negative and question forms. However, in the affirmative and negative a degree of emphasis on the verb-noun which follows is suggested — *did* in the past tense and *will* in the future tense, e.g.
Fe wnes i weld Mair yn y dref. — I *did* see Mair in the town.
Wnes i ddim dweud dim. — I *did not* say anything.
Fe wnawn ni alw i'ch gweld yfory. — We *will* call to see you tomorrow.
Wnaiff hi ddim symud. — She *will not* move.

By using **gwneud** forms in this way **mo** forms are done away with (**p. 174**), e.g.
Welais i mo John. — Wnes i ddim gweld John.
Phrynan nhw mo'r tŷ 'na. — Wnân nhw ddim prynu'r tŷ 'na.
(Using **gwneud** like this is a feature of the South Walian dialect. The North Walian form is much simpler, and is discussed in full in **Appendix 1**. But you will find **gwneud** being used in the North Walian dialect when one refers to the future, e.g.
Wnei di dalu? — Will you pay?
Mi wnaiff o ddod. — He *will* come.)

b) Change the following sentences so that the appropriate forms of **gwneud** are used:
  (i) Fe wrandawaf i arnyn nhw heno.
 (ii) Fe brynwn ni gar y flwyddyn nesaf.
(iii) Fe ddaw hi ar y bws.
(iv) Os brysiwch chi fe ddaliwch chi'r trên.
 (v) Fe weli di eisiau'r plant.
(vi) Synnais i ddim ei bod hi'n dost.
(vii) Roiaist ti ddim arian i fi.
(viii) Fe briodon nhw y llynedd.
(ix) Hwyliodd e ddim o gwmpas y byd ar ei ben ei hunan.
 (x) Fe gyrhaeddon ni'n gynnar.

6 Does dim hawl da fi ... — I have no right ...

a) The Welsh word for the right to do something is **hawl** and the possession **'da** or **gan** pattern is used, e.g.
Does dim hawl 'da chi yfed mewn tafarn os ydych chi dan un deg wyth oed. — You have no right to drink in a pub under eighteen years of age.
Oes hawl 'da fi barcio yma? — Do I have a right to park here?

b) The life of the motorist is full of restrictions! Look at the following:—

Does dim hawl 'da chi ..., e.g.

Does dim hawl 'da chi yrru dros dri deg milltir yr awr.

(i)

(ii)

(iii)

Gwers 26

(iv) (v) (vi)

(vii) (viii)

c) If you know your highway code you could make a list of where you're not permitted to park your car.

d) Make a list of the restrictions that all members of the public face.

7) Beth am fynd? — What about going?

a) **Am,** in this instance, means *about* and is, of course, followed by a soft mutation. Here, **am** precedes a verb-noun (**mynd**) and it is important to note that **am** like other prepositions, is not followed by **yn** (**p. 6**), e.g. cyn codi, ar ôl talu, wrth yrru, heb fwyta, drwy weithio.
You might well ask now which prepositions are followed by a soft mutation? The following are followed by a soft mutation:
am, ar, at, gan, dros, drwy (*through*), wrth, hyd (*along*), o, i, dan, e.g.
am bunt, ar dân, at ddrws.

b) Rewrite the following paragraph as the words in brackets should undergo a soft mutation:
Wrth (teithio) o (Dolgellau) i (Porthmadog) ewch drwy (pentref) Trawsfynydd i (gweld) cofgolofn Hedd Wyn. Stopiwch am (munud) a sefwch wrth (troed) y gofgolofn i (darllen) am (bugail) a bardd *Yr Ysgwrn* a fu farw yn Ffrainc yn 1917.

8 Rhywun drawodd ... — Someone knocked ...

You have seen many examples of sentences which are of an emphatic nature, e.g. **p. 67, 68, 96**. This is another example, and note that we don't say: Roedd rhywun drawodd ... in view of the possible English translation — It was someone who knocked ...
(The Welsh word *who* is discussed in **L29, N9a**). Note also that the verb (**trawodd**) undergoes a soft mutation (**drawodd**), e.g.
Merch enillodd y gystadleuaeth. — A girl won the competition.
Lerpwl enilliff y cwpan eleni. — Liverpool will win the cup this year.
Y bachgen â'r gwallt coch dorrodd y ffenestr. — The boy with the ginger hair broke the window.

9 Nid fy mai i oedd e ... — It wasn't my fault ...

a) We have an emphatic construction here again, but note that if the emphasis is of a negative nature **nid** comes at the beginning of the sentence, e.g.
Nid Lerpwl enilliff y cwpan. — *Liverpool* won't win the cup.
Nid nhw dorrodd y ffenestr. — It wasn't *they* who broke the window.
In spoken Welsh **ddim** is commonly used instead of **nid**.

b) Reply to the following questions in the negative and emphasize the negative information. Also, complete your answers by giving a reason and use either the **achos** or the **gan** pattern. (You will recall that **nage** is the appropriate *no* reply, **p. 151**), e.g.
Neithiwr aethon nhw? — Nage, nid neithiwr aethon nhw gan i fi siarad ag un ohonyn nhw yn eithaf hwyr yn y nos.
  (i) John dorrodd y ffenestr?
  (ii) Fy mai i oedd e?
  (iii) Heno mae hi'n dod?
  (iv) Y bachgen 'na ysgrifennodd ar y wal?
  (v) Â phensil ysgrifennodd hi ar y wal?
  (vi) Ti ddwgodd (**p. 123**) yr arian?
  (vii) Chi ddywedodd wrthof i am y cyngerdd?
  (viii) O Lundain mae hi'n wreiddiol?

10 Listen to the opening comments on the tape again (i.e. **A(i), B(i)**, etc.), and respond in various ways to what is said.

11 The following phrases might come in useful as you give permission:

Iawn. — Okay.
Popeth yn iawn. — Everything all right (*lit.*).
O'r gorau. — Very well.
Wrth gwrs. — Of course.
Ar bob cyfrif. — By all means.

Gwers 26

Croeso. — Welcome.
Â chroeso. — With welcome (*lit.*).
Helpwch eich hun(an). — Help yourself.

We could refuse permission like this:
Mae'n flin 'da fi ond ...
Fe fyddai hi'n well 'da fi petaet ti, etc. ...
Yn anffodus ...
Os nad oes ots 'da chi, etc. ... — If you don't mind ... (**L23, N1c**)

This time respond to **A(i), B(i)** and **C(i)** using the most appropriate response from the above list.

12 Cyfieithwch:

(i) When will the game be over?
(ii) You could do well in the examination by revising completely/thoroughly.
(iii) I shall be with you (*singl.*) until Saturday.
(iv) Until when can they stay?
(v) Was it you (*singl.*) (who) hit the small boy?
(vi) I'm not going with him in the car if that's how he drives.
(vii) Could you (*pl.*) make a dress for me (in readiness) for the dance in the Town Hall?
(viii) You (*singl.*) will not be allowed to go out to play until you finish your homework.
(ix) May I use your (*pl.*) telephone please? — By all means. Help yourself (*pl.*)
(x) She wishes to see me but I don't wish to see her.
(xi) Did they pay you (*singl.*)? — No.
(xii) He did not call for me, did he?
(xiii) She'll have to wait in the house until the bus comes.
(xiv) They don't have (any) right to go that way, have they?
(xv) They are not my books. (*emphasize*)

Gwers 27 Ydych chi'n adnabod...? — Do you know...?

Gwrandewch:

A

Gwilym: Hylo, del! Wyt ti'n mwynhau dy hun?
Bethan: Ydw.
Gwilym: Dydw i ddim wedi dy weld ti yn y clwb o'r blaen, ydw i?
Bethan: Newydd ddod i fyw i'r ardal 'ma ydw i.
Gwilym: Wel, croeso, 'te. Gwilym ydw i ond galwa fi'n Gwil; dyna beth mae pawb arall yn ei wneud.

Gwilym: Hello, beautiful! Are you enjoying yourself?
Bethan: Yes.
Gwilym: I haven't seen you in the club before, have I?
Bethan: I've only recently come to live to this area.
Gwilym: Well, welcome, then. I'm Gwilym but call me Gwil; that's what everyone else does.

* * * * *

B

Trefor: Ifor, rwyt ti wedi fy nghlywed i'n sôn am Huw Bach, on'd wyt ti? Dyma fe, y cawr ei hunan yn y cnawd!
Ifor: Sut mae, Huw? Mae'n dda 'da fi gwrdd â ti. Rydw i wedi clywed llawer amdanat ti!

Trefor: Ifor, you've heard me mentioning Huw Bach (or Small/Little Huw) haven't you? Here he is, the giant himself in the flesh!
Ifor: How are things? I'm pleased to meet you. I've heard a lot about you!

* * * * *

C

Mr. Puw: Ydych chi'n adnabod eich gilydd?
Mrs. Rhys: Dydw i ddim yn credu ein bod ni.
Mr. Puw: Mrs. Jones, dyma Mrs. Rhys.
Mrs. Rhys: Mae'n dda gen i gwrdd â chi.

Mr. Puw: Do you know each other?
Mrs. Rhys: I don't think (believe) that we do.
Mr. Puw: Mrs. Rhys, this is Mrs. Jones.
Mrs. Rhys: I'm pleased to meet you.

* * * * *

D

Mam 1:	Dydw i ddim yn eich 'nabod chi?
Mam 2:	Efallai eich bod chi.
Mam 1:	Esgusodwch fi am ddweud, ond mae eich wyneb yn gyfarwydd i fi!
Mam 2:	Efallai i ni gwrdd â'n gilydd mewn cyfarfod yn yr ysgol!
Mam 1:	Nid mam Rhodri Huws ydych chi, efe?
Mam 2:	Ie.
Mam 1:	Mam Eleri Prys ydw i.

Mother 1:	Don't I know you?
Mother 2:	Perhaps (that) you do.
Mother 1:	Excuse me for mentioning it, but your face is familiar to me!
Mother 2:	Perhaps we've met one another in a meeting in school!
Mother 1:	You're not Rhodri Huws' mother, are you?
Mother 2:	Yes.
Mother 1:	I'm Eleri Prys' mother.

* * * * *

E

Mrs. Williams:	Gaf i gyflwyno fy ngŵr i chi, Mr. Jones. Gwyn, dyma Mr. Jones, Pennaeth yr Adran Hanes.
Mr. Jones:	Mae'n bleser gen i gwrdd â chi, Mr. Williams. Dydyn ni ddim yn cael y cyfle'n aml i gwrdd â gwŷr a gwragedd aelodau'r staff.
Mrs. Williams:	May I introduce my husband to you, Mr. Jones. Gwyn, this is Mr. Jones, the Head of the History Department.
Mr. Jones:	*I'm pleased to meet you, Mr. Williams. We don't often get the opportunity to meet husbands and wives of staff members.

*(lit. I have pleasure in meeting you.)

* * * * *

F

Llywydd:	Annwyl Gyfeillion. Mae hi'n bleser o'r mwyaf gen i gyflwyno ein gŵr gwadd am heno. Prin bod angen i fi ei gyflwyno ef i gynulleidfa yma yn Llanfawr gan iddo gael ei eni a'i fagu yn ein plith ni. Ers y dyddiau cynnar hynny mae ef wedi gwneud enw iddo'i hun fel darlledwr dawnus a chynhyrchydd llwyddiannus ...
President:	Dear Friends. It gives me the greatest pleasure to introduce our guest (speaker) for tonight. There's hardly any need for me to introduce him to an audience here in Llanfawr since he was born and bred in our midst. Since those early days he has made a name for himself as a talented broadcaster and a successful producer ...

* * * * *

1 Geirfa

a)

adran-nau (f)	— department
aelod-au (m)	— member
am (s.m.)	— for
amdanat ti	— about you
cawr (cewri) (m)	— giant
cnawd (m)	— flesh
cyfaill (cyfeillion) (m)	— friend
cyflwyno	— to introduce (*also*, to present)
cynhyrchydd (cynhyrchwyr) (m)	— producer
cynulleidfa-oedd (f)	— audience (*also*, congregation)
darlledwr (darlledwyr) (m)	— broadcaster
dawnus	— talented, gifted
del	— pretty (one)
dy hun(an)	— yourself
ef	— him
efallai	— perhaps
efe?	— are you? / is it? etc.
eich gilydd	— each other, one another
gŵr gwadd (gwŷr gwadd) (m)	— male guest (speaker)
hanes (m)	— history
hynny	— those
llwyddiannus	— successful
llywydd-ion (m)	— president (of a society, etc.)
magu	— to bring up, to rear
on'd wyt ti?	— haven't you?/don't you?/aren't you?
o'r mwyaf	— the greatest, utmost
pennaeth (penaethiaid) (m)	— head, chief
pleser-au (m)	— pleasure
prin	— scarcely
ydw i?	— have I? / am I? / do I?
ymhlith	— amidst
yn dda 'da / gan	— to be pleased
yn ein plith	— in our midst

b)
  (i) **Cynulleidfa** also conveys *congregation*.
  (ii) **Del** — *pretty*, is used in North Wales. In conversation **A** Gwilym uses it to greet Bethan informally as *pretty one*.
  (iii) **Ef** is the more formal form of **e/fe/o** — *him*.
  (iv) **Gwraig wadd** is the feminine form of **gŵr gwadd**.
  (v) **Hanes** not only means *history* but also mens *tale, story*, e.g.
      Doeddwn i ddim yn credu'r hanes. — I didn't believe the story.
      It can also mean something like *the latest news* about someone, e.g.
      Beth ydy hanes John nawr? — What's become of John now?
  (vi) **Hynny** — *those* cf. **p. 191(c)**
  (vii) **Yn ein plith ni** — *in our midst*
      Note these also: yn eich plith chi — in your midst
      and: yn eu plith nhw — in their midst.
      Plith comes from **ymhlith**.

Gwers 27

(viii) In **F** the President began his address by saying **Annwyl Gyfeillion** which is very often used to greet society members etc. Note how **annwyl** precedes **cyfeillion** and the soft mutation it causes (see **p. 69.**).

(ix) The *President* of a country is **Arlywydd** whilst **Llywydd** is the president of a club, society, etc.

2 Fill in the blanks in the following sentences with the following expressions:

gyda'n gilydd; tybed; dro'n ôl; cystal i ni; efallai; hen; ar gyfer; wrthof; ar hyn o bryd; ar wahân; ar fin.

(i) Fe fues i yn yr Alban _____.
(ii) Ydy'r bws _____ dod?
(iii) Mae'r trên wedi _____ fynd.
(iv) Beth am fynd i'r sinema _____?
(v) _____ fynd i'r cyngerdd.
(vi) Maen nhw wedi dechrau paratoi _____ y cyngerdd.
(vii) _____ a allech chi ddweud _____ i ble mae swyddfa pennaeth yr adran, os gwelwch yn dda?
(viii) Maen nhw'n byw _____.
(ix) Fe welaf i ti yno, _____!

3 Define in Welsh what the following are: e.g.
canrif — Can mlynedd ydy canrif.

(i) cawr (ii) cynulleidfa (iii) comedi (iv) gŵr gwadd
(v) gardd (vi) cynhyrchydd (vii) traeth (viii) cyngerdd

4 Efallai + bod

a) Efallai — *perhaps* cannot be followed by: rydw i, maen nhw, etc., i.e. present tense of **bod** — *to be* forms. Instead **bod** *(that)* forms are used, e.g.
Efallai bod y plant yn y tŷ. —
Perhaps (that) the children are in the house.
Efallai eu bod nhw yn yr adran. —
Perhaps (that) they are in the department.
Efallai eich bod chi wedi colli'r arian! —
Perhaps (that) you have lost the money!

b) Answer the questions using the **efallai + bod** pattern, e.g.

Ble mae John? — Efallai ei fod e yn y gwely.

(i) Ble mae Mair (ii) Ble mae'r plant? (iii) Ble mae dy dad?

 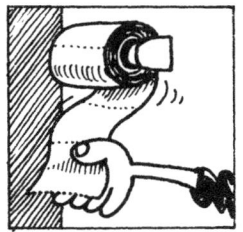 

(iv) Ble mae dy fam? (v) Ble mae dy frawd? (vi) Ble mae Mr. Jones?

(vii) Ble maen nhw? (viii) Ble mae Huw?

c) Answer the same questions again but this time add: wedi mynd i . . ., e.g.
Ble mae John? — Efallai ei fod e wedi mynd i'r gwely.

d) Respond: **Efallai + bod** pattern to the following statements, e.g.
Rydw i wedi blino. (ti) — Efallai dy fod ti.
  (i) Rydyn ni'n dod gyda'n gilydd.
  (ii) Maen nhw eisiau dod.
  (iii) Rwyt ti o hyd yn meddwl amdanat ti dy hunan!
  (iv) Rydw i'n synnu atoch chi! (chi)
  (v) Mae e eisiau mynd yn gynnar.
  (vi) Mae hi'n adnabod y gŵr gwadd.

5 Efe? — Are you? Is it? etc.

a) **Efe!** is the question tag used at the end of a negative statement which is emphatic in nature, i.e. the sentence will begin with **nid / ddim (L26, N9a)**. This tag applies to all tenses and persons. (cf. **Ie** and **Nage** responses).
So it can mean *is it? were they? was she?*, etc. **Ife?** and **iefe?** are oral variations of **efe?** and all these forms have come from **ai efe** or **ai e?**, e.g.
Nid nos yfory ydych chi'n dod, efe? —
It's not tomorrow night you're coming, is it?
Nid chi dorrodd y ffenest, efe? —
It wasn't you who broke the window, was it?

You will recall that the corresponding negative tag is **ynté** or **yntefe (L21, N5a)**.

b) Place **ynté (yntefe)?** or **efe?** in the blanks provided.
  (i) Chi ydy pennaeth yr adran, _____?
  (ii) Nid fe ydy'r llywydd, _____?
  (iii) Efallai ei fod e'n gwybod, _____?
  (iv) Nid dim ond dau blentyn sy 'da nhw, _____?
  (v) Nid cynhyrchydd oedd e, _____?
  (vi) Dim ond tri phlentyn sy 'da nhw, _____?
  (vii) Yn yr Adran Hanes roedd e, _____?
  (viii) Nid hi ydy'r wraig wadd, _____?

6 a) Mae'n dda 'da fi (gen i) ... — I'm pleased / glad

Note how **yn dda** linked with the **'da (gan)** pattern conveys *to be pleased/glad*.
The full expression is: Mae hi'n dda ..., e.g.
Roedd hi'n dda 'da fi eich gweld yn y capel ddydd Sul! —
I was pleased to see you in chapel (last) Sunday!
Mae hi'n dda gen i ddweud bod y gwaith yn gwella. —
I'm pleased to say that the work is improving.
Fe fydd hi'n dda 'da fi eu gweld nhw'n dod. —
I'll be pleased to see them coming.

b) **Mae'n bleser 'da fi (gen i)** ... **I have pleasure in** ...
Again note how the possession pattern is used and that **hi** can follow **mae**, e.g.
Mae hi'n bleser gen i gyflwyno'r anrheg 'ma i chi. —
I have pleasure in presenting you with this gift.
Roedd hi'n bleser da fi allu eu helpu nhw. —
It was a (*lit.* my) pleasure to be able to help them.

c) Link: **Mae'n dda 'da fi** (or **gen i**) ... to the following statements, e.g.
Rydw i'n gweld llawer yma. — Mae'n dda 'da fi weld llawer yma.
   (i) Mae hi'n gwella.
   (ii) Rydw i eisiau cyflwyno John i chi.
   (iii) Rydw i yma heno.
   (iv) Rydych chi'n gwella.

7 Efallai i ni gwrdd ... / ... gan iddo gael ei eni ...

a) **Efallai** and **gan** (*since, because*) cannot be followed by a past tense verb. To convey past action the preposition **i** + subject + verb-noun follow both. The verb-noun undergoes a soft mutation (see **L21, N7a**), e.g.
Efallai i John golli'r bws. — Perhaps John missed the bus.
Gan iddo fe ennill y gystadleuaeth fe gafodd e gwpan. —
Since he won the competition he received a cup.

b) Someone asks: **'Beth ddigwyddodd i fy arian i?'** Look at the illustrations and start your responses by saying: Efallai i ti ...

(i)

(ii)

(iii)   (iv)

8 on'd wyt ti? / on'd ydw i?

a) With the present, imperfect, future and conditional tenses of the verb-noun **bod** *(to be)* the question tags are the question forms of the verbs in the main part of the sentence (e.g. ydy hi? oedd hi? fydd hi? fyddai hi?). Note carefully that negative question tags of the present and imperfect tenses begin with **on'd** whereas **oni** (very often shortened to **on'**) is the equivalent word in the future and conditional tenses, e.g.

on'd ydw i?	—	aren't I?
on'd oedd hi?	—	wasn't she?
oni fyddan nhw?	—	won't they?
oni fyddech chi?	—	wouldn't you?

(It is a worthwhile drill to question all the positive and negative verbs which derive from **bod** *(to be)*. See **p. 9, 61, 114** and **181**.)

b) Question the following negative statements by adding the appropriate positive tag.
  (i) Fyddwch chi ddim yn adeiladu tŷ newydd, _____?
  (ii) Dydyn nhw ddim yn adnabyddus iawn, _____?
  (iii) Fyddaf i ddim yn gallu adolygu yn yr ystafell swnllyd 'na, _____?
  (iv) Dwyt ti ddim yn aelod bellach, _____?
  (v) Doedden nhw ddim yn bwriadu dweud wrthon ni, _____?
  (vi) Fydd e ddim yn anniddorol, _____?
  (vii) Fyddai hi ddim yno ar ei phen ei hun, _____?
  (viii) Fyddi di ddim eisiau benthyg arian, _____?
  (ix) Fyddwn i ddim yn cael mynd i mewn, _____?
  (x) Dydyn ni ddim yn mynd i'w dalu fe, _____?

c) Having completed (b) proceed now to reply *Yes* to all the questions asked. Singular or plural forms (where applicable) can be given.

d) Look at the sentences in (b) again and change the statements into the positive. Then, add the appropriate negative tag.

e) Positive statements are often questioned. e.g. Someone says: "John was at the wedding." Someone else responds by asking: "Was he?" You do the same by questioning the following statements:
  (i) Roedd cynulleidfa dda heno.
  (ii) Fe fydd hi'n gystadleuaeth ardderchog.
  (iii) Maen nhw'n ddawnus iawn.
  (iv) Rwyt ti wedi dweud wrthof i o'r blaen.
  (v) Mae'r gêm drosodd erbyn hyn.
  (vi) Roedden nhw'n enedigol o Ganolbarth Cymru.
  (vii) Fe fyddan nhw'n werth llawer o arian.
  (viii) Fe fyddwn i'n gallu dod i dy 'nôl di petai eisiau.
  (ix) Fe fydden nhw eisiau dod.
  (x) Roedden ni yno gyda'n gilydd.

f) Fit the following question tags in the blanks provided:
on'd ydy hi,   oeddech chi,   on'd oes e,   fyddech chi,   yntefe,   ydyn nhw,
oni fyddan nhw,   on'd do fe,   oes e
  (i) Dydyn nhw ddim yn arfer mynd yno, _____?
  (ii) Mae'n braf heno, _____?
  (iii) Fyddech chi ddim yn gallu dod yfory, _____?
  (iv) Doeddech chi ddim yno, _____?
  (v) Fe fyddan nhw'n hwyr, _____?
  (vi) Nid gwres canolog nwy sy 'da nhw, _____?
  (vii) Mae 'na lawer yma, _____?
  (viii) Fe adeiladon nhw'r tŷ eu hunain, _____?
  (ix) Ti roiodd hwn i fi, _____?
  (x) Does dim plant yn cael gweld y ffilm 'ma, _____?

9 Prin bod angen i fi ... — There's hardly any need for me ...

a) **Prin** — *scarcely, hardly*, like **efallai** and **gan** can't be followed by **rydw i, mae hi**, etc. To convey the present tense of **bod** — *to be*, **bod** *(that)* forms follow **prin**, e.g.

Mae ei siop e'n llwyddiannus iawn. — Prin bod ei siop e'n llwyddiannus iawn.
Mae hi'n gallu cerdded. — Prin ei bod hi'n gallu cerdded.
Mae rhaid i fi fynd heno. — Prin bod rhaid i fi fynd heno.
Mae'r llyfr 'da nhw. — Prin bod y llyfr 'da nhw.

b) Look at the following illustrations and link **Prin** with **bod** forms and **gallu/medru** to convey the ideas expressed, e.g.

Prin bod John yn gallu dringo Everest.

(i)

(ii)

(iii)

(iv)

Gwers 27

c) Qualify the statements that you have made in **(b)** with logical comments, e.g. Prin bod John yn gallu dringo Everest — dydy e ddim yn gallu sefyll ar ei draed yn iawn!

d) Respond to the statements made by using the pattern:
Prin bod digon o _____ 'da _____. Use the information given, e.g.
Fe hoffen ni fynd i Gaerdydd. (amser) — Prin bod digon o amser 'da ni.
  (i) Mae hi am gwpanaid o de. (llaeth)
  (ii) Maen nhw eisiau prynu dillad. (arian)
  (iii) Fe hoffai fe fynd am dro yn y car. (petrol)
  (iv) Dydyn nhw ddim yn brysur iawn yn y garej. (gwaith)

10 (i) **Study the dialogues again and note how they become increasingly formal.**
   (ii) **With another learner assume the roles of those characters in the dialogues. However, this time, enlarge upon the responses and continue each introduction (but remember the tone of the conversation).**

11 Cyfieithwch:

  (i) Perhaps you (*pl.*) saw me in town a few weeks ago.
  (ii) Perhaps he won the game.
  (iii) I don't know where they are — perhaps they are in the garden.
  (iv) *She's not* the president's wife, is she? (*emphasize*)
  (v) I'm pleased to see that you're (*fam.*) getting better.
  (vi) I don't think that you know one another, do you?
  (vii) There was a large audience in the concert, wasn't there?
  (viii) They are members, aren't they?
  (ix) She hardly needs to tell me that the work is hard.
  (x) Since you (*fam.*) know how to do it (*masc.*), do it yourself!
  (xi) She had to work late in the office since she was two hours late arriving.
  (xii) *He's* the most talented amongst them, isn't he? (*emphasize*)
  (xiii) They will be in the audience, won't they?
  (xiv) How successful was he?
  (xv) Where was she brought up?

Gwers 28   Gelert, ci Llywelyn — Gelert, Llywelyn's dog

Gwrandewch:

Tywysog Cymru yn y drydedd ganrif ar ddeg oedd Llywelyn Fawr. Disgrifiwyd ef gan un hanesydd fel: *'y tywysog galluocaf a welwyd yng Nghymru ar ôl y Goncwest Normanaidd'.*

Roedd ganddo fo gi o'r enw Gelert. Pan fyddai'r tywysog allan yn hela gyda'i gŵn Gelert oedd y dewraf a'r ffyrnicaf o'r cŵn i gyd. Eto i gyd, o gwmpas y llys fo oedd y tyneraf a'r addfwynaf ohonyn nhw i gyd ac yn aml byddai Llywelyn yn gadael iddo warchod ei fab bychan.

Un bore braf roedd y tywysog ar fin gadael y llys i fynd i hela, a seiniwyd y corn i hel y cŵn ynghyd. Ond doedd dim golwg o Gelert yn unman.

'Dyna ryfedd! Fo ydy'r cyntaf yma fel arfer,' meddyliodd Llywelyn, gan arwain ei geffyl i gyfeiriad y porth. I ffwrdd â nhw i gyfeiriad y bryniau ond cafodd Llywelyn ddiwrnod go ddiflas ac roedd yn falch i ddychwelyd i'r llys ar ôl diwrnod caled o hela.

Pwy oedd wrth y porth i'w groesawu 'nôl ond Gelert, ond wrth agosáu at y ci dyma Llywelyn yn sylwi bod ôl gwaed o gwmpas ei geg.

'Beth ar wyneb y ddaear rwyt ti wedi bod yn ei wneud?' gwaeddodd y tywysog ar y ci, a rhedodd i mewn i'r llys, a Gelert wrth ei ochr, i chwilio am ei fab bychan. Ofnai'r gwaethaf wrth iddo weld y llanast yn yr ystafell. Cododd y crud ond doedd dim arwydd o'r baban; chwiliodd ymhobman ond methodd ddod o hyd i'w blentyn.

'Rwyt ti wedi'i ladd o,' dywedodd Llywelyn wrth Gelert ac yn ei dymer wyllt cydiodd yn ei gleddyf a thrywanu'r ci. Syrthiodd Gelert yn farw i'r llawr. Yn sydyn, dyma'r tywysog yn clywed cri o'r gongl bellaf, cri ei faban yn deffro o'i gwsg. Y tu ôl iddo gorweddai corff marw clamp o flaidd—roedd Gelert wedi cael ei ladd am achub y tywysog ieuanc rhag y blaidd!

Sylweddolodd Llywelyn pa mor wyllt a byrbwyll y bu. Rhaid oedd trysori'r cof am y ci ac felly claddwyd Gelert mewn bedd a chodwyd cofgolofn er cof amdano. A galwyd y lle yn 'Beddgelert'.

* * * * *

Llywelyn Fawr was the Prince of Wales in the thirteenth century. He was described by one historian as: *'the ablest prince seen in Wales after the Norman Conquest'.*

He had a dog called Gelert. When the prince hunted with his dogs Gelert was the bravest and the fiercest of all the dogs. Yet, around the court he was the most friendly (*lit.* tender) and gentle of them all and frequently Llywelyn would let him guard (*lit.* watch) over his tiny son.

One fine morning the prince was about to leave the court to go hunting, and the horn was sounded to gather the dogs together. But there was no sign (*lit.* sight) of Gelert anywhere.

'That's strange! He's the first here usually,' thought Llywelyn, leading his horse in (*lit.* to) the direction of the gateway. Off with them in the direction of the hills but Llywelyn had rather a miserable day and he was glad to return to the court after a hard day's hunting.

Who was at (*lit.* by) the gateway to welcome him back but Gelert, but as he drew near the dog Llywelyn noticed that there were blood stains around its mouth.

'What on earth have you been doing?' the prince shouted at the dog, and he ran into the court, with Gelert at his side, to look for his small son. He feared the worst as he saw the mess in the room. He lifted the cradle but there was no sign of the baby; he searched everywhere but he failed to find his child.

'You've killed him,' said Llywelyn to Gelert and in his wild rage (*lit.* temper) he grasped his sword and stabbed the dog. Gelert slumped dead to the floor. Suddenly, the prince heard a cry from the furthest corner, the cry of his baby waking up from his sleep. Behind him lay the dead body of a huge wolf—Gelert had been killed for saving the young prince from the wolf!

Llywelyn realized how wild and impetuous he had been. The memory of the dog had to be treasured and so Gelert was buried in a grave and a monument was erected in memory of him. And the place was called 'Beddgelert'.

1 Enwau:

a)
baban-od (*m*)	— baby
bedd-au (*m*)	— grave
blaidd (bleiddiaid) (*m*)	— wolf
ci (cŵn) (*m*)	— dog
cleddyf-au (*m/f*)	— sword
cofgolofn-au (*f*)	— monument
congl-au (*f*)	— corner
concwest-au (*f*)	— conquest
corff (cyrff) (*m*)	— body
corn (cyrn) (*m*)	— horn
cri (*m/f*)	— cry
crud (*m*)	— cradle
cwsg (*m*)	— sleep
cyfeiriad-au (*m*)	— direction
diwrnod-au (*m*)	— day
golwg (golygon) (*m*)	— sight
gwaed (*m*)	— blood
hanesydd (haneswyr) (*m*)	— historian
llanast (*m*)	— mess
llys-oedd (*m*)	— court
ôl (olion) (*m*)	— mark (*also,* track)
ôl gwaed (*m*)	— blood stains
porth (pyrth) (*m*)	— gateway
tymer (tymherau) (*f*)	— temper
tywysog-ion (*m*)	— prince

b) Learn the following: ôl traed — footmarks; ôl bysedd — fingerprints; ôl gwaed — blood stains.

c) **Cornel** (*m*) is the South Walian equivalent for **congl** used in North Wales.

d) **Baban** is synonymous with **babi**.

2 Change the italicized nouns into the plural and any other element which needs changing as a result:

(i) Roedd y *tywysog* yn byw mewn *llys*.
(ii) Weloch chi'r *ceffyl*?
(iii) Ble mae *bedd* y *tywysog*?
(iv) *Ceffyl* pwy ydy hwn?
(v) Wyt ti'n hoffi'r *ci* 'na?
(vi) Oes 'na *olygfa* hardd yno?
(vii) Ydy'r *llawlyfr* yn werth ei ddarllen?
(viii) Ble cafodd dy *gyfaill* ei *gladdu*?

3 Ansoddeiriau:

a)
addfwyn(af)	— gentle (gentlest)
balch	— glad (*also*, proud)
bychan	— tiny, small
byrbwyll	— impetuous
caled	— hard
clamp o	— huge
dewr(af)	— brave (bravest)
ffyrnig	— fierce
ffyrnicaf	— fiercest
galluog	— able
galluocaf	— ablest
gwaethaf	— worst
gwyllt	— wild
ieuanc	— young
marw	— dead
Normanaidd	— Norman
pellaf	— furthest
sydyn	— sudden
tyner(af)	— tender, (tenderest)

b **Clamp o** can precede a singular noun to convey *a huge* _____.
The **o** is followed by a soft mutation, e.g.
clamp o gi — a huge dog
clamp o lyfr — a huge book
clamp o gastell — a huge castle

Link the following illustrations with **clamp o** and place in complete sentences.

c) Note the expression: diwrnod caled o hela. cf. diwrnod caled o waith; gêm galed o rygbi; gêm dda o griced; peint blasus o gwrw, etc.

d) **Ieuanc** is a variation of **ifanc**.

4 Berfenwau

a)
achub (rhag)	— to save
agosáu (at)	— to approach
arwain	— to lead (*stem:* arweini—)
claddu	— to bury
codi	— to erect (*also*, to lift, to raise)
croesawu	— to welcome
cydio (yn)	— to grasp
deffro	— to wake up
disgrifio	— to describe

dod o hyd i	—	to find, to locate
gadael (i)	—	to let (*stem:* gadaw—)
gorwedd	—	to lie down
gwarchod	—	to guard
gweiddi (ar)	—	to shout (at)
hel	—	to gather, to collect
hela	—	to hunt
lladd	—	to kill
methu	—	to fail
ofni	—	to fear
seinio	—	to sound
sylweddoli	—	to realize
sylwi	—	to notice
syrthio	—	to fall
trysori	—	to treasure
trywanu	—	to stab

b) **achub rhag** (see **p. 171**).

c) **Codi** has a variety of meanings, e.g.
   (i) to get up, e.g. Dydw i ddim yn hoffi codi yn gynnar yn y bore.
   (ii) to build, e.g. Pwy gododd y castell?
   (iii) to buy (a ticket for a journey), e.g. Godaist ti docyn?
   (iv) to withdraw money from an account, e.g. Faint hoffech chi ei godi?
   (v) the weather improving, e.g. Fe fydd hi'n codi y prynhawn 'ma.

d) Note that we say: cydio yn — to grasp in; gweiddi ar — to shout at (**L25, N7a**).

e) **Hel** — *to gather* is used in North Wales; **casglu** is the word used in South Wales. Similarly, **deffro** *(N.W.)* and **dihuno** *(S.W.)*.

5 Replace the underlined verb-noun with the appropriate form of the verb:

   (i) Mi claddu nhw'r dyn ddoe.
   (ii) Fe dod i o hyd i'r llawlyfr yfory.
   (iii) Petawn i'n cael cyfle fe gorwedd i ac fe cysgu i am oriau.
   (iv) Mi syrthio ti hefyd petaet ti'n dringo Everest!
   (v) Lladd (*singl.*) y blaidd!
   (vi) Gwneud ti dy waith cartref neithiwr?
   (vii) Arwain y dynion i gopa'r Wyddfa y llynedd gan Joe Jones.
   (viii) Faint codi chi o'r banc ddoe?

Gwers 28

6 Amrywiol

a)
beth ar wyneb y ddaear ...?	— What on earth!
er cof (am)	— in memory (of)
eto i gyd	— yet, nevertheless
go	— rather
i ffwrdd (â)	— away (with)
i gyfeiriad	— in (to) the direction of
ohonyn nhw	— of them
y drydedd ganrif ar ddeg	— the thirteenth century
ynghyd	— together
ymhobman	— everywhere
y tu ôl i	— behind

b) The **y** in **y tu ôl** is often omitted but never omit the word **i** (+ s.m.).
e.g. Y tu ôl i'r castell; y tu ôl i'r llys; y tu ôl i goeden; y tu ôl i dy ... cf. y tu allan i — outside; y tu mewn i — inside.

7 ... a dyma Llywelyn yn sylwi ...

a) By now you are well acquainted with forms like: dyma fi, dyma ti, etc. **(p. 44)**.
Dyma normally means *here is,* etc.
When referring to a sequence of past actions we could say (or write):
'Roeddwn i'n cerdded i lawr y stryd ac fe welais i lyfr mewn ffenestr siop ac fe es i i mewn ac fe brynais i'r llyfr.'
To some extent the above sentence is overloaded with —**ais i** endings and, as a sentence, lacks colour.
The language avoids such a monotonous style of expression by using **dyma** forms when it is abundantly clear who we talk about. Since **dyma** literally means *here is* etc. using it, to some extent, brings a graphic flavour to the past tense action, e.g.
'... mewn ffenestr siop a dyma fi'n mynd i mewn a phrynu'r llyfr.'
(Note also how **prynais** has become the verb-noun **prynu,** as a further attempt to vary style. cf. Cydiodd yn ei gleddyf a *thrywanu'r* ci.)

b) Form sentences from the following cues according to the pattern of this example:
Fe es i/fe welais i/dyma fi —
Fe es i i mewn i'r siop ac fe welais i lyfr diddorol a dyma fi'n talu pum punt amdano.
   (i) Roedden nhw/fe feddylion nhw/dyma nhw.
   (ii) Roedd hi/fe glywodd hi/dyma hi.
   (iii) Fe aeth e/fe deimlodd e/dyma fe.
   (iv) Roeddwn i/fe glywais i/dyma fi.

Gwers 28   73

c) Each series conveys one sentence about the actions of one person. Write sentences as in (b) with **dyma** ... being used to convey the third idea.

(i) FI

(ii) HI

(iii) NHW

8 galluocaf, dewraf, ffyrnicaf, tyneraf, addfwynaf ...

a) You are already aware that adjectives can be compared regularly and irregularly (p. 136-139). Here we are concerned with regular adjectives so check again on p. 138 how we can convey: *the —est* (i.e. *the most* _____).

Another method of forming the superlative form of the adjective is by adding the ending —**af** to the original adjective, e.g.
tyner — tyneraf; addfwyn — addfwynaf; tew — tewaf.
Billy Bunter oedd y bachgen tewaf yn yr ysgol. —
Billy Bunter was the fattest boy in school.
P'un oedd y tewaf? — Which one was the fattest?

b) Respond *yes* to the following sentences and use the —**af** pattern of the adjective and complete the sentences as you wish, according to the pattern of this example:
Mae John yn fachgen cryf. — Ydy, John ydy'r bachgen cryfaf yn y dosbarth.
   (i)   Mae'r stryd yn gul.
   (ii) Maen nhw'n wan.
   (iii) Mae hi'n bert.

(iv) Mae Jane yn ferch dawel.
(v) Rydw i'n dew. *(fam. response)*
(vi) Rydych yn ysgafn. *(singl.)*
(vii) Dyma brynhawn twym!
(viii) Dyma ddiwrnod trist!

c) You may well ask when should the long **y mwyaf—** pattern be used and the concise **y —af** pattern be used? As a general rule, the **mwyaf** construction is used with regular adjectives which are often more than two syllables, and such adjectives often end in **-og, -ig, -ol, -us, -gar**, e.g. ardderchog, mynyddig, dymunol, dawnus, gweithgar (hardworking/fond of work).
It would be good practice for you to look at the vocabulary on **pages 247-253** and note those adjectives which belong to this group, and place them in sentences using the **y mwyaf—** pattern.
Remember that the **y mwyaf—** pattern is a sound method for a learner to use and if you are ever in doubt about the **—af** ending resort to using this long form! Don't be afraid to adopt a trial and error attitude!

d) Note, in particular that adjectives which end in **b, d, g, dr, gr**, harden to **p, t, c, tr, cr**, when the **—af** ending is added, e.g.
gwlyb — gwlypaf; rhad — rhataf; enwog — enwocaf.
This may sound complicated but in normal speech you will automatically harden the consonant.
You will also from time to time observe variations in spelling, like:
n—nn (gwan—gwannaf); r—rr (byr—byrraf); nn—nh (cynnar—cynharaf); au — eu (golau — goleuaf); w — y (trwm — trymaf, dwfn — dyfnaf). At this stage don't be too concerned about small details like this!

e Look at the following pairs of illustrations and ask:
(i) P'un/Pa rai/Pwy ydy'r _____ af? (x2) and reply:
(ii) _____ ydy'r _____ af! (x2)

(i)

(ii)

(iii)

(iv)

9 ... yn gadael iddo warchod ...

a) Besides meaning *to leave,* **gadael** can convey *to allow, to let* and is followed by **i** forms, and these **i** forms *(+ S.M.)* introduce the person who is allowed to do something, e.g.
Doedden nhw ddim yn gadael *i* bobl ddod i mewn ar ôl deg o'r gloch. — They weren't allowing people to come in after ten o'clock.
Adawech chi *i'*ch plant fod allan mor hwyr? — Would you leave your children to be out so late?

b) Complete the following combination of words after: Gadewch ... (let, leave) and complete the sentence as you wish,
e.g. nhw/gorwedd — Gadewch iddyn nhw orwedd lle maen nhw.
(i) fi/mynd (ii) ni/hel (iii) fe/dal (iv) hi/dod (v) nhw/aros

c) Start the sentences formed in (b) with: Fe adawoch chi ... (You allowed ...)

d) 'Let me ...' is commonly heard at the start of a sentence in English. Compile a list of sentences which start with: Gadewch i fi ... and complete your sentences by stating who said them, e.g.
'Gadewch i fi deimlo eich gwres,' meddai'r meddyg wrth yr hen ddyn.

10 go ddiflas — rather miserable

a) **Go** meaning *rather* precedes the adjective and is followed by a soft mutation.
e.g. go drist — rather sad; go wlyb — rather wet; go brysur — rather busy.
(**Lled** + a soft mutation also conveys *rather*. **Eithaf, go** and **lled** are almost identical in meaning; generally, **eithaf** is used in S. Wales whilst **go** is used in N. Wales.)

Gwers 28

b) The following illustrations represent adjectives. Place **go** in front of each adjective and form complete sentences:

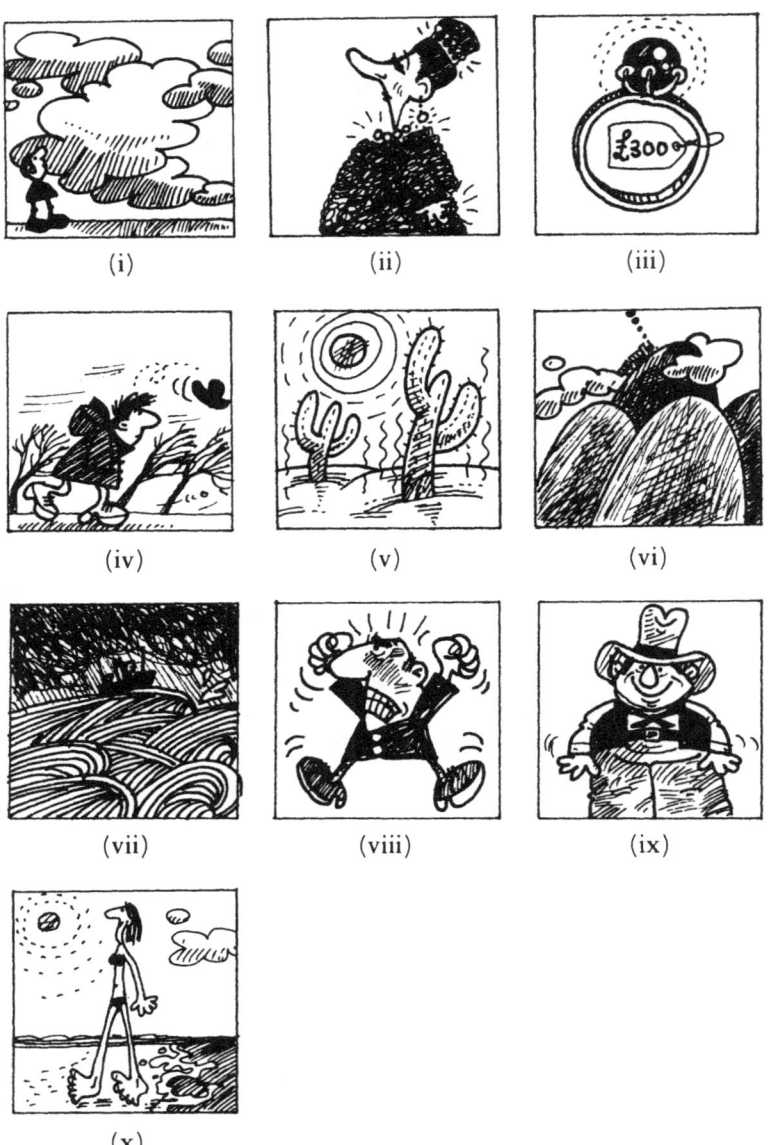

c) Complete the following statements by adding **gan + bod** pattern, followed by the **go** (+ adjective) pattern, e.g.
Allaf i ddim mynd â'r car i lawr y stryd 'na . . . (cul) — gan ei bod hi'n o/go gul.
(Note that **go** changes to **o** after the linking **yn** or **'n**).
   (i) Fe allan nhw brynu'r tŷ 'na . . . (cyfoethog)
  (ii) Mae'n well i ti fynd â dy got heddiw . . . (cymylog)
 (iii) Fe ddylet ti ddarllen y llyfr 'na . . . (diddorol)
 (iv) Allaf i ddim dringo'r mynydd . . . (hen)

(v) Allaf i ddim dringo'r mynydd ... (uchel)
(vi) Fe ddaeth y meddyg i weld mam ... (tost/sâl)
(vii) Dydyn ni ddim yn gallu clywed dim drwy'r waliau ... (trwchus)
(viii) Fe fyddai'n well i ti ateb y llythyr 'na ... (pwysig)

11 gan arwain — leading

a) Gan (+ S.M.) is used here as a linking word in front of a verb-noun when two actions occur simultaneously. Note that the word **yn (p. 6)** is not used to convey the **-ing** in *leading,* e.g.
'Dyma dy fwyd di,' meddai mam, gan ddodi fy mrecwast ar y bwrdd.
Cododd o'i gadair yn sydyn, gan daro'i gwpan i'r llawr.
'Papur!' gweiddodd y bachgen, gan guro ar y drws.
People simplify this pattern often by using **a** — *and* instead of **gan**.

b) Join the following sentences by using **gan** + verb-noun, e.g.
'Gaf i ddau docyn,' gofynnais. Rhoiais bunt i'r dyn. —
'Gaf i ddau docyn,' gofynnais, gan roi punt i'r dyn.
   (i) Croesodd y plant yr heol. Edrychon nhw i'r dde ac i'r chwith.
  (ii) Eisteddais o flaen y teledu. Mwynheuais beint o gwrw.
 (iii) 'Wyt ti ar dy ben dy hun,' gofynnodd Gwyn. Eisteddodd wrth fy ochr.
 (iv) Safai wrth y siop ddillad. Edrychai ar y dillad yn y ffenestr.
  (v) 'Fe welaf i ti nos yfory,' dywedodd Gwen. Dechreuodd beiriant y car.
 (vi) Codais y llythyron. Sylwais yn arbennig ar y mwyaf yn eu plith.

12 Cyfieithwch:

(i) There was a huge dog by the gateway.
(ii) Whose horse is that one?
(iii) I don't feel like going out in the night after a hard day's work. Do you? (*pl.*)
(iv) She had to go to the bank behind the shopping centre to withdraw (some) money.
(v) Who was sitting behind you (*fam.*) in the concert?
(vi) Which is the most comfortable chair in the lounge?
(vii) This one (*masc.*) was the most expensive one there.
(viii) Let (*pl.*) me go to the dance with my friends, please.
(ix) That book is rather interesting.
(x) I think that you (*fam.*) should read it, although it is rather long.
(xi) 'Have you (*fam.*) seen this (*masc.*)?' asked my husband, passing the paper to me.
(xii) She wasn't allowed to go to the concert since it finished rather late.
(xiii) *He* was the tallest boy in the room. (*emphasize*)
(xiv) We had quite a miserable morning, going from shop to shop, but we failed to find what we were looking for.

Gwers 29 Yr Urdd a Syr Ifan — The Urdd and Sir Ifan

Gwrandewch:

Bob blwyddyn bydd cannoedd o blant Cymru'n mwynhau eu hunain yng ngwersylloedd yr Urdd yn Llangrannog a Glanllyn ger y Bala. Bydd miloedd o Gymry'n tyrru i Eisteddfod Genedlaethol yr Urdd bob mis Mehefin, a bydd plant o Fôn i Fynwy bob mis yn darllen cylchgronau'r Urdd. Drwy'r flwyddyn bydd plant ac ieuenctid Cymru wrth eu bodd yng nghanolfannau'r Mudiad. Ac i bwy mae'r diolch?

Os nad ydych chi wedi clywed am Syr Ifan ab Owen Edwards efallai eich bod chi wedi clywed am ei dad o'i flaen e — Syr Owen M. Edwards, darlithydd, golygydd, cyhoeddwr, awdur ac addysgwr. Pan fu e farw yn 1920 collodd Cymru un o'i meibion mwyaf diwyd. Prin y gallai neb fod wedi gweithio'n galetach nag e dros Gymru. Ond fe wnaeth ei fab weithio cyn galeted, does dim dwywaith am hynny!

Ym mis Ionawr 1922 ysgrifennodd Ifan ab Owen Edwards yn *Cymru'r Plant*—cylchgrawn a ddechreuwyd ac a olygwyd gan ei dad:

. . . Beth wnawn ni, blant Cymru, sydd yn caru Cymru Fach, ein gwlad ein hunain? Rhaid i ni wneud rhywbeth am mai ni yw gobaith ein gwlad . . . Fe sefydlwn Urdd newydd, a cheisiwn gael pob Cymro a Chymraes o dan ddeunaw oed i ymuno â hi . . .

Dyna'r brawddegau a ysbrydolodd gannoedd o blant yn y man i ymuno ag Urdd Gobaith Cymru, gan addo:

Byddaf ffyddlon i Gymru, i gyd-ddyn, ac i Grist.

Breuddwyd Syr Ifan oedd cael plant Cymru ynghyd i fwynhau eu hunain yn yr iaith Gymraeg, a gweithiodd yn ddiflino i wireddu ei freuddwyd, ac aeth y mudiad o nerth i nerth.

Yn 1972 dathlodd y mudiad ei benblwydd yn hanner cant oed, ond roedd y sylfaenydd wedi marw ddwy flynedd cyn hynny. Tybed, yn wir, a wnaeth unrhywun erioed weithio'n galetach dros Gymru nag ef? Beth rydych chi'n ei feddwl?

Every year hundreds of Welsh children enjoy themselves at the Urdd camps at Llangrannog and Glanllyn near Bala. Every June thousands of Welsh people flock to the Urdd National Eisteddfod, and every month children throughout Wales (*lit.* from Anglesey to Monmouth) read the Urdd magazines. Throughout the year the children and youth of Wales are in their element in the Urdd centres. And who should we thank? (*lit.* and to whom is the thanks?)

If you haven't heard of Sir Ifan ab Owen Edwards perhaps you have heard of his father before him—Sir Owen M. Edwards, lecturer, editor, publisher, author and educationist. When he died in 1920 Wales lost one of her most industrious sons. Scarcely could anyone (*lit.* No one could hardly) have worked harder than him for Wales. But his son did work as hard, there is no doubt about that!

In January 1922 Sir Ifan wrote in *Cymru'r Plant*—a magazine which was founded (*lit.* started) and (which was) edited by his father:

... *What shall we, the children of Wales, do, we who love Dear Wales, our own country? We must do something because we are the hope of our country ... We will establish a new movement (lit. Order), and try to get every Welsh person under eighteen years of age to join it ...*

Those were the sentences which inspired hundreds of children presently to join The Welsh League of Youth, promising:

I shall be faithful to Wales, to my fellow men, and to Christ.

Sir Ifan's dream was to bring the children of Wales together to enjoy themselves in the Welsh language, and he worked tirelessly to realize his dream, and the movement went from strength to strength.

In 1972 the movement celebrated it's fiftieth anniversary, but the founder had died two years previously (*lit.* before then). (I) wonder, indeed, whether anyone ever worked harder for Wales than he? What do you think?

1 Enwau

a) addysgwr (addysgwyr) (*m*) — educationist
awdur-on (*m*) — author
brawddeg-au (*f*) — sentence
breuddwyd-ion (*m/f*) — dream
cyd-ddyn-ion (*m*) — fellow man
cyhoeddwr (cyhoeddwyr) (*m*) — publisher
cylchgrawn (cylchgronau) (*m*) — magazine
Cymraes (*f*) — Welsh woman
Cymro (Cymry) (*m*) — Welshman
darlithydd (darlithwyr) (*m*) — lecturer
eisteddfod-au (*f*) — eisteddfod
gobaith (gobeithion) (*m*) — hope
golygydd-ion (*m*) — editor
ieuenctid (*m*) — youth
Ionawr (*m*) — January
Mehefin (*m*) — June
Môn (*f*) — Anglesey
mudiad-au (*m*) — movement
Mynwy (*f*) — Monmouth
neb (*m*) — no one
penblwydd-i (*m*) — birthday, anniversary
sylfaenydd (sylfaenwyr) (*m*) — founder
unrhywun (*m*) — anyone
Urdd Gobaith Cymru — The Welsh League of Youth

b) Change the italicised words into the plural:
   (i) Pwy ydy eich hoff *awdur*?
   (ii) Pwy oedd y *cyhoeddwr*?
   (iii) Ydych chi'n darllen *cylchgrawn*?
   (iv) Rydw i wrth fy modd yn mynd i *eisteddfod*.
   (v) Fe anghofiais i *benblwydd* y *plentyn* y llynedd.

c) (i) Fuoch chi'n aelod o'r Urdd?
      Fuoch chi erioed yn Llangrannog neu Glanllyn?
   (ii) Ydych chi'n aelod o glwb neu gapel neu gymdeithas etc.?
      (*cymdeithas* — society). Dywedwch wrth eich partner am eich clwb, ac yn y blaen (etc.).

2 Amrywiol

a)
addo	— to promise (*stem:* addaw—)
am	— because
caletach (na)	— harder than
caleted (â)	— as hard as
cant (cannoedd) (*m*)	— hundred
ceisio	— to try
cenedlaethol	— national
cyn hynny	— before then
dathlu	— to celebrate
deunaw	— eighteen
diflino	— tirelessly
diwyd	— industrious
dros	— for, on behalf of, (*also,* over)
dyna	— that was
ffyddlon	— faithful
golygu	— to edit
gwireddu	— to realize (a dream, etc.)
hanner cant	— fifty
i bwy	— to/for whom?
neb	— no one
o dan	— under
o nerth i nerth	— from strength to strength
sefydlu	— to establish, to found
tyrru	— to flock
ysbrydoli	— to inspire
yw	— is

b) (i) Note the idiom: **does dim dwywaith (amdani)** — *there are no two ways about it.*
   (ii) **Dechreuwyd; golygwyd — (L21, N4a)**
   (iii) **Mai — (L22, N8a)**

Gwers 29

- (iv) **Yw** is a variation of **ydy** (and the literary form **ydyw**) and very widely used. Unlike **ydy** it cannot ask a question, e.g.
  Darlithydd yw e.
  Dyw e ddim yma.
  Ydy hi'n dod?
- (v) **O dan** and **dan** are the same.
- (vi) **Deunaw** is the traditional form for **un deg wyth** and well worth using.

3 I bwy ...? — To/for whom ...?

a) **Mae** and **maen nhw** can follow **i bwy** but not **ydy** and **ydyn nhw** (p. 68, N2c), e.g.
I bwy roedd y llyfr? — For/To whom was the book?
I bwy roedden nhw? — To/For whom were they?

b) Look at the illustrations and ask:
I bwy mae'r _____?

(i) (ii) (iii)
(iv) (v) (vi)
(vii) (viii)

c) Look at **(b)** again and use **maen nhw, mae hi, mae e**, whenever appropriate.

d) Discuss family resemblances with your partner. The exercise will be more effective if you show family photographs to each other.
Note: **yn debyg i** — *to resemble, like (to)*, e.g.
I bwy mae'r plant yn debyg?   — Whom do the children resemble?
Rydw i'n debyg i fy nhad.   — I'm like my father/I resemble my father.

4 Os + na(d)

a) To convey a negative verb when **os** — *if* (**p. 116**) is used it is good language practice for the word **na** (**nad** before a vowel) to follow **os**. This **na** is followed by either a soft or an aspirate mutation. (cf. **p. 162**), e.g.
Os na chlywoch chi ...   — If you didn't hear ...
Os na welwch chi ...   — If you don't see ...
Os na chaf i ddod ...   — If I will not be allowed to come ...
Ddim is not required after the verb.

b) Place the correct form of the following verbs after **os na** and complete each sentence as you wish:
(i) dof i (ii) cawn ni (iii) addawodd e (iv) penderfynwch chi (v) maen nhw (vi) trwsiodd e (vii) byddi di (viii) mae hi (ix) rydyn ni (x) talan nhw.

c) Use the short future form (**p. 192**) of the underlined verb after **os na** and complete each sentence, e.g.
Fe fyddaf i'n <u>gweld</u> John heno. —
Os na welaf i John heno yn y clwb fe fydd rhaid i fi ffonio.
  (i) Fe fyddaf i'n <u>cael</u> sigarets yfory.
  (ii) Fe fyddan nhw'n <u>dal</u> trên.
  (iii) Fe fyddwch chi'n <u>cysgu</u>'n dda.
  (iv) Fe fyddi di'n <u>gallu</u> gwneud y gwaith.
  (v) Fe fyddwn ni'n <u>trio</u>'n galed.
  (vi) Fe fydd hi'n <u>cael</u> dod.

5 Fe fyddaf i, etc. expressing a habitual action

a) The future form of **bod** — *to be* (**p. 114**) can be used in Welsh to convey a habitual action, i.e. an action which is repeated regularly. The sentence will often contain a time reference like *bob dydd, bob wythnos,* etc. (See opening paragraph of lesson.) e.g.
Fe fyddaf i'n yfed pedair cwpanaid o de y dydd. — I drink four cups of tea a day.
Fe fyddan nhw'n mynd i'r eglwys bob bore dydd Sul. — They go to church every Sunday morning.
Fyddwn ni ddim yn yfed gwin gyda phob pryd. — We don't drink wine with every meal.

b) Revise the **Sawl** pattern **(p. 73)**. Then look at the illustrations and ask a **sawl** question according to the pattern of this example:

Sawl cwpanaid o goffi y dydd y byddwch chi'n ei hyfed? **(p. 12, N7a)**.

(i)

(ii)

(iii)

(iv)

c) **Sawl gwaith ... y ...** asks *How many times ... (that) ...*, e.g.
Sawl gwaith y flwyddyn y byddwch chi'n mynd ar eich gwyliau?
Look at the following signs and ask a **sawl gwaith** question using the time element given, e.g.
KWIK SAVE   Sawl gwaith y dydd y byddwch chi'n mynd i siop?
dydd

| PLAZA | PALLADIUM | RED COW | ESSO |
| (i) blwyddyn | (ii) blwyddyn | (iii) wythnos | (iv) mis |

d) Answer all the 8 questions you have asked in **(b)** and **(c)**.

e) (i) Make a list of the habitual actions of members of your family. (ii) Make a list of television or radio programmes which have regular slots. (iii) Ask your partner about his/her daily routine, e.g. Pryd byddwch chi'n/byddi di'n codi bob bore?

6 Prin + y

a) The linking word **y** (**yr** before a vowel) is used to link **prin** or **braidd** — *scarcely, hardly, barely* and the verb, e.g.
prin y gallech chi symud — you could hardly move.
braidd y bydd y trên yn gynnar — the train will hardly be early.
Note that **prin/braidd y** is not followed by **fe**.

b) Link **prin y** to the following sentences and complete each sentence by using the **gan + bod** pattern **(L21, N9a)**, e.g.
Allan nhw ddim dod i'r ddawns.
Prin y gallan nhw ddod i'r ddawns gan fod eu car yn y garej.
   (i) Ân nhw ddim allan nos yfory.
   (ii) Chaiff hi ddim dod.
   (iii) Chei di ddim tocyn.
   (iv) Ddaw e ddim yn gynnar heno.
   (v) Allwn i ddim symud.
   (vi) Arhoswn ni ddim yn hir.

c) Respond to the following sentences by starting with **prin y**. The verb following **prin y** should be the short future form of the underlined verb-noun. Add a reason to support your response, e.g.
Rydw i eisiau <u>gweld</u> copa'r Wyddfa heddiw. (TI)
Prin y gweli di gopa'r Wyddfa heddiw — mae hi'n rhy niwlog.
   (i) Rydw i eisiau <u>cael</u> tocyn i'r gêm. (CHI)
   (ii) Mae hi eisiau <u>cael</u> mynd i'r ddawns.
   (iii) Rydyn ni eisiau <u>gwerthu</u>'r tŷ.
   (iv) Rydych chi eisiau <u>mynd</u> allan. (*singl.*)
   (v) Maen nhw eisiau <u>clywed</u> oddi wrth John.
   (vi) Rwyt ti eisiau <u>gweld</u> y ffilm. (FI)

d) A popular variation on **prin y** is **go brin y** and it would be a very useful exercise if you completed exercises **(b)** and **(c)** again using **go brin y** ...

7 yn galetach na — harder than

a) In **L28, N8a** you saw the superlative **—af** ending. There is a short form also for **yn fwy na (p. 137)** and it applies to those types of adjectives referred to in **L28, N8a**. Instead of using **fwy** the ending **—ach** is added to the adjective, which undergoes a soft mutation after **yn**, e.g.

yn brinnach na	— scarcer than
yn drymach na	— heavier than
yn ysgafnach na	— lighter than
yn bwysicach na	— more important than
yn dewach na	— fatter than
yn lanach na	— cleaner than

Note **L28, N8d** also applies to the **—ach** form.

b) Place the **yn —ach na** forms of the following adjectives in sentences:
(i) brwnt (ii) coch (iii) cynnes (iv) drud (v) golau (vi) gwan
(vii) gwlyb (viii) melys (ix) tenau (x) tywyll

c) Using the **yn —ach na** pattern compare the following pairs of illustrations and place in complete sentences (2 sentences per illustration). Proceed to answer the questions, e.g.
   (i) Mae Mic yn deneuach na Dic.
   (ii) Mae Dic yn dewach na Mic.

d) Use the **—af** pattern and ask, e.g.
(i) Pwy (*or*) P'un ydy'r teneuaf? / Pwy ydy'r tewaf?
(2 questions per illustration.)
(i) Mic ydy'r teneuaf. / Dic ydy'r tewaf.

e) Persuade your partner to:
   (i) buy a particular brand of washing powder.
   (ii) go to Italy for a holiday rather than stay in this country.
   (iii) to travel by train rather than by car to a particular place.

8 cyn galeted â — as hard as

a) There is also an alternative form for **mor** + adjective + **â (ag)** (**p. 136-7**). **Cyn** replaces **mor**; the adjective which undergoes a soft mutation ends in —ed, e.g.
cyn gyflymed â   — as quickly as
cyn gynted â   — as soon as
It is questionable whether this form is as widely used in spoken Welsh as the more familiar **mor — â**. **Cyn lleied (â)** — *as small (as)* is an exception and often heard.

b) So that you become familiar with this form look at **7c** again and form sentences using the **cyn —ed â (ag)** pattern, e.g.
(i) Dydy Mic ddim cyn dewed â Dic a dydy Dic ddim cyn deneued â Mic.

9 a — who

a) The Welsh word for *who, that, which* in expressions like: *who/which will be, who/which was (were), who/that + short form verb* is **a**. In spoken Welsh the word **a** is barely noticeable and very often disregarded, but the soft mutation it causes remains. What follows **a** tells us something about the noun (or pronoun) that precedes it, e.g.
Pwy ydy'r bachgen a dorrodd y ffenestr?
Beth ydy hwn a brynaist ti?

b) Precede the following statements with: Dyna'r dyn a ...
  (i) Golygodd e'r cylchgrawn.
  (ii) Bydd e'n agor y siop newydd.
  (iii) Roedd e'n arfer byw gyferbyn â ni.
  (iv) Fe gaiff e docynnau i chi.
  (v) Daeth e i dy weld di.

c) Revise **sy** (**p. 142**) and **y** (**p. 185**). Then place **bod**, etc. **sy, y** or **a** in the blanks.
  (i) Roeddwn i'n meddwl _____ John yn dod heno.
  (ii) Rydw i'n gwybod pwy _____ 'n byw yn y tŷ 'na.
  (iii) Athro oedd y dyn _____ gafodd ei ladd.
  (iv) Rydw i'n gwybod _____ dylech chi fod yno.
  (v) Pa mor hen ydy'r castell _____ ar y bryn?
  (vi) Mae'r wraig _____ gafodd ddamwain yn wael iawn.
  (vii) Rydw i'n deall _____ nhw'n gyfoethog.
  (viii) Addawodd hi _____ byddai yma'n gynnar.
  (ix) Dydw i ddim yn hoffi'r ffilm _____ yn y sinema.
  (x) Ar ddydd Mawrth _____ daw hi fel arfer.

10 Beth wnawn ni, blant Cymru ...?

a) Note how **plant** has undergone a soft mutation to **blant.** Such a mutation occurs in Welsh when we address or greet someone (except that personal names do not change), e.g.

Sut wyt ti, fachgen?	— How are you, boy?
Nawr 'te, ferched!	— Now then, girls!
Mair! Dere 'ma!	— Mair, come here!
Fechgyn! Dewch 'ma!	— Boys! come here!

b) Address: **bechgyn, merched, plant** at the beginning of a sentence and ask them to do something, e.g.
Ferched, allech chi olchi'r llestri, os gwelwch yn dda?

11 Fel ei dad o'i flaen mae Syr Ifan ab Owen Edwards yn Gymro enwog. Dyma'r math o gwestiynau y gallech eu gofyn wrth holi am berson *(person)* enwog. Ceisiwch ofyn rhagor o gwestiynau.

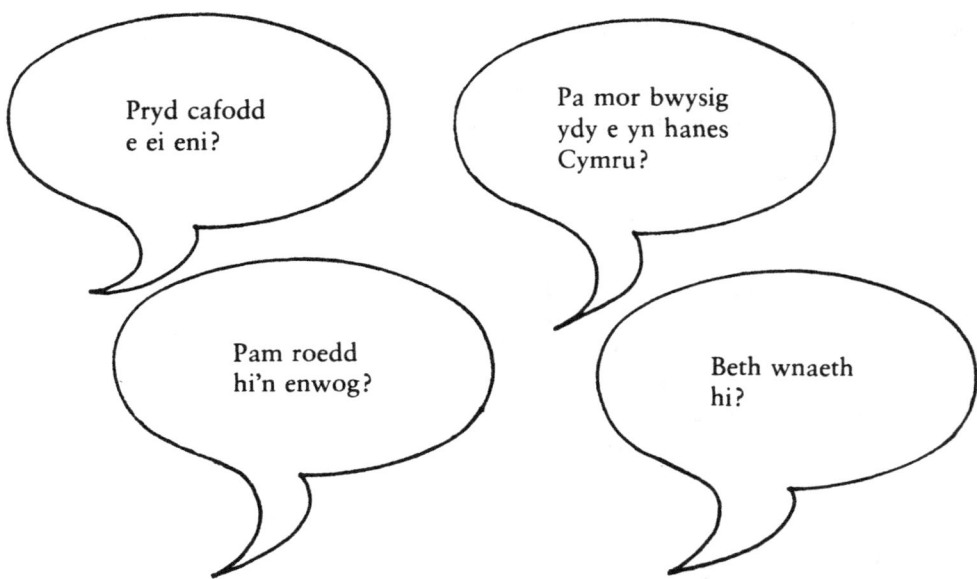

12 Cyfieithwch:

(i) Who do they resemble?
(ii) If you *(singl.)* come with me to the concert, telephone me before two o'clock.
(iii) Do you *(pl.)* watch television every night?
(iv) Do they go to the continent every year?
(v) How many times have you *(pl.)* been to the Midlands?

(vi) They will hardly be allowed in since they're too young.
(vii) Welsh is hardly more difficult than French.
(viii) You *(singl.)* couldn't be fatter than me!
(ix) Where's that magazine that she bought yesterday?
(x) The founder could have hardly hoped that his dream would be realized.
(xi) Which one is the author who wrote the book?
(xii) Girls, could you help me to prepare the table? Your father is about to come home.

Gwers 30   Nadolig Llawen! — A Merry Christmas!

1   Gwrandewch:

Sgwrs A   *(Yn y tafarn)*

Meurig: Beth gymeri di?
Alun: Dere i fi gael gweld. Dydw i ddim yn siŵr iawn. Mae'n well i fi beidio cael peint.
Meurig: Rwyt ti'n gyrru, wyt ti?
Alun: Ydw. Dere â hanner peint i fi gan taw'r Nadolig ydy hi.
Meurig: Hanner peint, Gwenno, a hanner arall i fi yn y gwydr/glás 'ma... Diolch... Dyma dy un di, Alun.
Alun: Diolch. Iechyd da!
Meurig: A Nadolig Llawen a Blwyddyn Newydd Dda!
Alun: A'r un peth i ti...

(In the pub)

Meurig: What will you have (*lit.* take)?
Alun: Let me see. I'm not very sure. I'd better not have a pint.
Meurig: You're driving, are you?
Alun: Yes. Give me half a pint since it's Christmas.
Meurig: Half a pint, Gwenno, and another half for me in this glass... Thanks... Here's yours, Alun.
Alun: Thanks. Cheers!
Meurig: And a Merry Christmas and a Happy New Year!
Alun: And the same (thing) to you...

2   Geirfa

a) gwydr-au (*m*) / glás   — glass
    gyrru   — to drive
    iechyd (*m*)   — health
    llawen   — merry, happy
    peidio   — not

b) iechyd da!   — good health! *or* cheers!

c) Blwyddyn Newydd Dda!   — Happy (*lit.* good) New Year!

3 Dere i fi gael gweld ... Let me see ...

a) **Dere** *(fam.)* and **dewch** *(pl.)* literally mean *come!* But note these expressions:
   (i) Dere i fi gael gweld. — Let me see.
   (ii) Dewch i fi gael eich gweld. — Let me see you.
   (i) addresses a **ti** person and (ii) addresses a **chi** person or more than one person. To convey *Let us,* we say: **Dewch i ni.** The verb-noun following **gael** can, of course, vary, e.g. Dewch i ni gael mynd, — Let's go.
   In N. Wales the variation on **Dere** *(S.W.)* is **Tyrd** (often pronounced **Tyd**).

b) Change the following sentences into either *Dere i fi gael* or *Dewch i fi gael ...*,
   e.g. Gaf i olchi dy gar?   Dere i fi gael golchi dy gar.
   (i) Gaf i olchi eich car?
   (ii) Gaf i fenthyg dy bapur?
   (iii) Gaf i gymryd dy got?
   (iv) Gaf i agor y drws, Mr. Jones?
   (v) Gaf i gau'r ffenestr, Mr. Jones?
   (vi) Gaf i eich gweld?
   (vii) Gaf i dy glywed yn canu?
   (viii) Gaf i eu trwsio nhw, Mr. Jones?
   (ix) Gaf i ei olchi fe, John bach?
   (x) Gaf i dalu amdanyn nhw, Mr. Jones?

4 Dere â hanner peint i fi ...

a) **Dere!** — *Come!* is the familiar command of **dod**. But **dod â/ag** means *to bring* (cf. mynd â — to take), so **Dere â ...!** means *Bring ...!*
   To express things like: *Bring me ...!* we literally say: *Bring ... to me ...!* and what is brought follows *bring* directly. **Dod** can change its form to different tenses and persons. (For the past and future tenses of **dod**, see **p. 124** and **193)**, e.g.
   Fe ddes i â ...   — I brought ...
   Ddest ti â ...?   — Did you bring ...?
   Ddaethoch chi ddim â'r ... — You didn't bring the ...

b) When a command is given using **Dere â ... / Dewch â ...** it can convey *Bring ...* and also *Give ...*

c) Use **Dere â ... i fi** or **Dewch â ... i fi** according to the tone of the cue given under each illustration, e.g.

Gymeri di rywbeth i'w yfed?
— Dere â pheint i fi.

(i) Beth gymeri di?

(ii) Beth rwyt ti eisiau?

(iii) Dydy'r *Faner* ddim 'da ni, Mrs. Jones.

(iv) Oes rhywbeth arall, Mrs. Jones?

d) Cyfieithwch:
  (i) I'll be bringing the children.
  (ii) He'll bring the paper.
  (iii) Who is bringing biscuits?
  (iv) I want to bring my parents with me.
  (v) Did you (*pl.*) bring your wife?
  (vi) They didn't bring (any) fruit at all.
  (vii) Will you (*singl.*) bring a loaf? **(L23, N7a)**

5 Mae'n well i fi beidio cael peint ...

a) To negate the verb-noun in **i** and **'da / gan** expressions **peidio** is used directly in front of the verb-noun, e.g.
Mae rhaid i fi fynd. — Mae rhaid i fi beidio mynd.
Roedd hi'n hen bryd iddo fe ddod. — Roedd hi'n hen bryd iddo fe beidio dod.
Fe fydd hi'n well iddyn nhw yrru. — Fe fydd hi'n well iddyn nhw beidio gyrru.
Fe fyddai hi'n well 'da fi aros. — Fe fyddai hi'n well 'da fi beidio aros.

b) You will note that **peidio** undergoes a soft mutation instead of the original verb-noun, and that after **peidio** there is no mutation.
Dweud wrth forms are also followed by **peidio**. (Note also the use of the preposition **am** + *S.M.*), e.g.
Dywedwch wrtho fe am beidio ffonio.
Dywedais i wrthyn nhw am beidio aros amdanaf i.

Gwers 30

c) Look at the following illustrations and complete:
Fe fyddai hi'n well i ... beidio ...

(i)

(ii)

(iii)

(iv)

d) Change the following sentences so that the: *yn well 'da / gan ... beidio ...* pattern is used, e.g.
Dydw i ddim yn mynd. — Mae'n well 'da fi beidio mynd.
 (i) Doedd hi ddim yn dal trên cynnar.
 (ii) Fydd e ddim yn gyrru.
 (iii) Fyddan nhw ddim yn prynu tŷ newydd.
 (iv) Fydden ni ddim yn gadael yn hwyr.
 (v) Fyddwn i ddim yn aros yn y tŷ.

e) Change the following sentences to incorporate the **peidio** pattern.
 (i) Mae rhaid i fi ddweud.
 (ii) Dywedais i wrthyn nhw am chwarae o flaen y tŷ.
 (iii) Dyweda wrtho fe am aros amdanaf i.
 (iv) Fe fyddai'n well 'da nhw dalu.
 (v) Mae'n well i ti yrru adref.

6 dy un di, etc. — yours, etc.

a) By now you are used to saying things like **fy mhlant, dy dŷ**, etc.
To convey the Welsh for *mine, yours,* etc. (i.e. when no noun is used) the word **un** — *one* replaces the noun. Learn these:

fy un i	—	mine
dy un di	—	yours
ei un e/o	—	his
ei hun hi	—	hers **(p. 70)**

un Mair	— Mary's
ein hun ni	— ours (p. 84)
eich un chi	— yours
eu hun nhw	— theirs (p. 84)

Study these examples:
P'un ydy dy un di?	— Which is yours?
Ble mae ei un e?	— Where's his?
Un John ydy hwn?	— Is this John's?
Pa gar oedd eich un chi?	— Which car was yours?

b) The plural form of **un** is **rhai** (see **p. 148**). Thus the plural form of **P'un** is **Pa rai**, **(p. 154)**, e.g.
Pa rai ydy dy rai di? — Which are yours?
(Remember the soft mutation after **dy, ei** *(his)*.)

c) Change the noun in each sentence into **un** or **rhai**.
   (i) Ble mae dy gar di?
   (ii) P'un ydy dy blentyn di?
   (iii) P'un oedd ei char hi?
   (iv) Faint oedd eu llyfrau nhw?
   (v) Mae fy siwt i'n hen.
   (vi) Fy nghadair i ydy hon.
   (vii) Ei gadair e oedd hi.
   (viii) Gaf i fenthyg eich cwpan?

7 In the conversation between Meurig and Alun in the pub Alun wasn't quite sure what sort of drink he wanted, and he hesitated by saying:
Dere i fi gael gweld.   *and*   Dydw i ddim yn siŵr iawn.
Here are some useful hesitation or delaying techniques. Try and add to them.

96   Gwers 30

8 Gwrandewch:

Sgwrs B   *(Yn y siop)*

Siopwraig: Mae'r Nadolig wedi newid llawer yn ystod eich bywyd chi, Mr. Jones!
Mr. Jones: Ydy, er gwaeth, yn fy marn i. Mae'r ŵyl yn llawer rhy fasnachol a materol rŵan. Meddyliwch am anrhegion y plant y dyddiau 'ma!
Siopwraig: Pa fath o anrhegion roeddech chi'n arfer eu cael?
Mr. Jones: Roedd pobl mor dlawd! Mi fydden ni'n ffodus iawn i gael afal ac ychydig o gnau yn ein hosan Nadolig gan Siôn Corn. Mi aen ni i'r capel dair gwaith ar Ddydd Nadolig. Rydw i'n cofio'n glir iawn un Dydd Nadolig yn arbennig . . .

(In the shop)

Shop Assistant: Christmas has changed a lot during your lifetime, Mr. Jones!
Mr. Jones: Yes, for the worse, in my opinion. The festival is much too commercialised and materialistic now. Think of the children's presents these days!
Shop Assistant: What sort of presents did you used to get?
Mr. Jones: People were so poor! We would be very fortunate to have an apple and a few nuts in our Christmas stocking from Father Christmas. We would go to chapel three times on Christmas Day. I remember very clearly one Christmas Day in particular . . .

9 Geirfa

a)
bywyd-au *(m)*	— life
clir	— clear
cneuen (cnau) *(f)*	— nut
er gwaeth	— for the worse
ffodus	— fortunate
gan	— by, from
gŵyl (gwyliau) *(f)*	— holiday, festival
masnachol	— commercialized
materol	— materialistic
mi aen ni	— we used to/would go
Siôn Corn	— Father Christmas
tlawd	— poor

b)
er gwaeth	— for the worse. Note:
er gwell	— for the better.

c) Note how **llawer** has separated **yn** and **rhy (p. 20)** in **yn llawer rhy fasnachol**.

d) **yn ffodus i gael.** Note the use of the linking **i (p. 127)**.

e) **tlawd** — **cyn dloted â, yn dlotach na** (See **L29, N7a + 8a**). Note how **aw** — **o** and **d** — **t**.

f) *From* (a person) is **oddi wrth,** but with **cael** — *to get, to receive* forms we can use **gan** — *from*, e.g.
   Fe ges i'r arian gan John.
   Fe gei di fwyd ganddyn nhw.
In S. Wales **gan** forms are replaced by **'da/gyda.**

g) What items are children likely to find in their stockings on Christmas morning? (If necessary, check your dictionary.)

h) Relate to your partner a particular Christmas memory that you have.

i) Mr. Jones says: 'Mae'r ŵyl yn llawer rhy fasnachol a materol.'
Discuss the statement with your partner.

10 Gwrandewch:

Sgwrs C *(Ar y stryd)*

Mam 1: Ydych chi'n barod am y Nadolig!
Mam 2: Wn i ddim, wir. Mae'r plant mor gyffrous ac mae cymaint i'w wneud, on'd oes e?
Mam 1: Rydyn ni wedi gorffen addurno'r goeden Nadolig. Fe brynon ni un iawn eleni eto—mae'n gas 'da fi'r rhai ffug 'na!
Mam 2: Dydyn ni ddim wedi cael un eto. Gelen ni un nawr, ydych chi'n meddwl?
Mam 1: Roedd rhai ar werth yn y dref ddoe. Fe gelai John un i chi, rydw i'n siŵr, petaech chi'n ffaelu.
Mam 2: O leiaf, rydyn ni wedi anfon ein cardiau. Ond mae un peth yn pwyso—mae rhaid i fi wneud dillad angel a bugail i'r plant ar gyfer y gwasanaeth Nadolig.
Mam 1: Un o'r doethion ydy Gareth, ac rydw i'n gobeithio cael benthyg dillad gan Mrs. Lewis, Tŷ Capel . . .

(On the street)

Mother 1: Are you ready for Christmas?
Mother 2: I don't know, indeed. The children are so excited and there's so much to be done, isn't there?
Mother 1: We have finished decorating the Christmas tree. We have bought a real one this year again—I hate those artificial ones!
Mother 2: We haven't got one yet. Would we get one now, do you think?

Mother 1: There were some for sale in town yesterday. John would get one for you, I'm sure, if you were to fail.
Mother 2: At least, we have sent our cards. But there is one thing pressing—I must make an angel's outfit (*lit.* clothes) for the children ready for the Christmas service.
Mother 1: Gareth is one of the wise men, and I hope to borrow clothes from Mrs. Lewis, Chapel House ...

11 Geirfa:

a)
addurno	— to decorate
angel (angylion) (*m*)	— angel
anfon	— to send
bugail (bugeiliaid) (*m*)	— shepherd
carden (cardiau) (*f*)	— card
coeden (coed) (*f*)	— tree
cyffrous	— excited, exciting
doethion	— wise men
ffaelu (methu)	— to fail
ffug	— artificial *or* fictitious
iawn	— real
i'w	— to be
parod	— ready
pwyso	— to press, to weigh (*also*, to lean)

b) **Iawn** conveys *very* when it follows an adjective (**p. 42**); it expresses *real* and *correct* when it follows a noun. e.g.
arian iawn — real money
amser iawn — correct time
The context of the conversation will determine the exact meaning of **iawn**.

c) These words also are linked with the Christmas story:
seren (sêr) (*f*)	— star
Iesu Grist *or* Yr Iesu	— Jesus Christ
aur (*m*)	— gold
thus (*m*)	— frankincense
myrr (*m*)	— myrrh
preseb (*m*)	— manger

Relate the Nativity story.

12 I would do ...

a) You have already seen the short *would* and *used to* forms of regular verbs (**L21, N6a** and **L22, N2a**). With **gwneud, cael, mynd** and **dod** the stems are irregular, so note them carefully. There are two ways of conjugating these verb-nouns; the North Walian forms are given in **Appendix 2**.
Here are the South Walian forms of **gwneud**:

gwnelwn i	— I would/used to do (*or* fe wnelwn i)
gwnelet ti	— you would/used to do
gwnelai fe/hi	— he/she would/used to do
gwnelen ni	— we would/used to do
gwnelech chi	— you would/used to do
gwnelen nhw	— they would/used to do

e.g. Fe wnelwn i'r gwaith petai amser 'da fi. — I'd do the work if I had time.
Fe wnelen nhw'r gwaith.   — They'd do the work. **(L26, N5a)**
Wnelech chi mo hynny!   — You wouldn't do that?

b) Replace the *would be* forms by the short *would* forms of **gwneud** in the following sentences: (Note: **yn fy lle i,** etc. in my place, etc.), e.g.
Beth fyddech chi'n ei wneud yn fy lle i? — Beth wnelech chi yn fy lle i?
   (i) Beth fydden nhw'n ei wneud yn ein lle ni?
   (ii) Beth fyddet ti'n ei wneud yn ei lle hi?
   (iii) Beth fydden ni'n ei wneud yn eu lle nhw?
   (iv) Beth fyddai fe'n ei wneud yn dy le di?
   (v) Beth fyddai hi'n ei wneud yn ei le fe?

c) Generally speaking, **gwneud** forms (without *ti, fe, ni,* etc.) are used to respond *Yes* and *No* when *would* question forms of regular verbs are asked, e.g.
Brynet ti goeden Nadolig ffug? — Gwnelwn/Na wnelwn.
Werthen nhw eu tŷ? — Gwnelen/Na wnelen.

d) Respond, as requested, to the following questions:
   (i) Ddringet ti Everest ar dy ben dy hun? (No)
   (ii) Orweddai fe yn yr haul drwy'r dydd? (Yes)
   (iii) Hwyliai Clare Francis o gwmpas y byd ar ei phen ei hun? (Yes)
   (iv) Brynen nhw docyn? (No)
   (v) Orffennen ni beintio'r lolfa mewn diwrnod? (Yes)
   (vi) Fwytech chi (*pl.*) stecen nawr? (Yes)
   (vii) Fwytech chi (*singl.*) dreiffl i frecwast? (No)
   (viii) Ganen nhw mewn eisteddfod? (No)

13 I would go/ come/ get

a) Having learnt the short *would* forms of **gwneud** you will find that *would* forms of **cael, mynd** and **dod** follow a similar pattern, e.g.

celwn i	— I would get (*from* cael)
elwn i	— I would go (*from* mynd)
delwn i	— I would come (*from* dod)
gelech chi?	— would you get?
elen nhw?	— would they go?
ddelai hi?	— would she come?
chelen ni ddim	— we wouldn't get
elai fe ddim	— he wouldn't go
ddelet ti ddim	— you wouldn't go

b) Use *would* forms of **cael** after **Ble** in asking where specified things could be obtained, e.g.

Ble celwn i losin?

(i)

(ii)

(iii)

(iv)

(v)

(vi)

(vii)

(viii)

c) You will recall that **cael** also conveys *to be allowed* **(L26, N4a)**.
Change the following sentence so that *would* forms of **cael** are used in this way. Try to enrich your sentences by adding something appropriate, e.g.
Mae hi eisiau mynd i'r ddawns. —
Gelai hi fynd i'r ddawns ar ei phen ei hunan?
   (i) Maen nhw eisiau addurno'r goeden Nadolig.
   (ii) Rydw i eisiau anfon carden Nadolig.
   (iii) Rydyn ni eisiau dod gyda chi.
   (iv) Mae hi eisiau bwyta cinio o fy mlaen i.
   (v) Mae e eisiau gyrru'r car.

d) Revise the conditional *if* forms like **petawn i**, etc. **(p. 183)**.
Form sentences from the given pairs of words, e.g. fe elwn i/petai —
Fe elwn i i America petai digon o arian 'da fi.
   (i) petai/fe elai fe
   (ii) petaen nhw/fe ddelen nhw.
   (iii) elen ni ddim/petaen nhw
   (iv) ddelech chi?/petawn i
   (v) elet ti?/petai
   (vi) elwn i ddim/petai
   (vii) ddelen ni ddim/petaen ni
  (viii) ddelet ti?/petaet ti

14 i'w wneud — to be done

a) You know that **i'w** is a combination of **i** and **ei** or **eu**, and that it can mean *to his* (+ *S.M.*), *to her* (+ *A.M.*) or *to their* **(p. 84)**. But when **i'w** is followed by a verb-noun it can convey *to be*, e.g.
Beth sy i'w wneud? — What's to be done?
Oes rhywbeth yma i'w fwyta? — Is there something here to be eaten?
Noson i'w chofio! — A night to be remembered!
Oes dillad i'w golchi yn y fasged? — Are there clothes to be washed in the basket?

As you see from the above examples the verb-noun undergoes (i) a soft mutation if the **ei** (**'w**) refers to a singular masculine noun;
(ii) an aspirate mutation if the **ei** (**'w**) refers to a singular feminine noun. No mutation occurs if the noun referred to is plural.

b) Complete the following sentence with the given verb-noun and add an additional element: Oedd rhywbeth (*m*) arbennig i'w (+ *S.M.*) . . . ?
e.g. (gwneud) Oedd rhywbeth arbennig i'w wneud yn y gwesty gyda'r nos?
(i) gweld (ii) bwyta (iii) yfed (iv) darllen (v) ofni
(vi) dathlu (vii) golchi (viii) prynu (ix) gwerthu (x) rhoi

Gwers 31 Gair at bob achlysur — A word for every occasion

A Mr. Williams: Efallai y clywoch chi am farwolaeth John?
Mrs. Puw: Naddo, wir i chi! Mae yn ddrwg gen i glywed hynny. Bydd rhaid i fi alw i gydymdeimlo â'r teulu.

Mr. Williams: Perhaps you heard about the death of John's father!
Mrs. Puw: No, indeed! I am sorry to hear that. I'll have to call to sympathize with the family.

* * * * *

B Mair: Newydd glywed bod Jac a Jill wedi gwahanu!
Catrin: Paid sôn! Dyna beth trist! Druan o'r plant, yntefe?
Mair: Ie, druan ohonyn nhw! Gobeithio yr ân nhw 'nôl at ei gilydd.

Mair: (I've) just heard that Jack and Jill have separated!
Catrin: (You) don't say! What a sad thing! Pity the children, isn't it?
Mair: Yes, pity them. Let's hope that they'll go back to each other.

* * * * *

1 Geirfa

a)
cydymdeimlo (â)	— to sympathize (with)
druan o . . .	— pity . . .
ei gilydd	— each other
gwahanu	— to separate
marwolaeth-au (*m*)	— death
'nôl at . . .	— back to . . . (a person)

b) Note how Catrin (in **B**) said: **Paid sôn!**—*(You) don't say!* In N. Wales people say: **Taw!** The **chi** form is: **Peidiwch dweud / sôn!** and **Tewch!**

c) Note how Mrs. Puw (in **A**) said: . . . **wir i chi!** — . . . *indeed (to you)!* cf. also: **wir i ti!**

2 Efallai y / Gobeithio y

a) **Y** — *that* links **efallai** — *perhaps* and **gobeithio** — *hope* (p. 191, Ng) to the short form of the verb that follows, e.g. Gobeithio y medrwch chi ddod!
Gobeithio y daw'r bws!
Efallai y celen nhw ddod!
Efallai y mwynheuet ti dy hun(an)!
Yr precedes a vowel, e.g. Gobeithio yr ân nhw'n gynnar!

b) Precede the following statements with **efallai y** and complete each sentence with a condition, e.g.
Fe ddelen nhw gyda ni ... — Efallai y delen nhw gyda ni petaen ni'n gofyn iddyn nhw.
   (i) Fe gelwn i fynd ...
   (ii) Fe enillen ni ...
   (iii) Fe gelech chi docyn ...
   (iv) Fe welet ti hi yno ...
   (v) Fe godai fe'n gynnar ...

c) Change the following questions into statements after **Gobeithio y** and add an element, e.g.

3 Druan o ...! — Pity ...!

a) **O** — *of/from* forms link **druan** — *pity* with the person(s) pitied. The various o forms are:

ohonof i	— of/from me
ohonot ti	— of/from you
ohono fe/fo	— of/from him
ohoni hi	— of/from her
ohonon ni	— of/from us
ohonoch chi	— of/from you
ohonyn nhw	— of/from them

e.g. Druan ohonyn nhw! — Pity them!
Rydw i'n hoff ohono fe! — I'm fond of him.
Oes llawer ohonoch chi'n dod? — Are there many of you coming?

b) Fill in the blanks with the correct form of **o**:
  (i) Druan _____ hi!
  (ii) Ydych chi'n gweld llawer _____ nhw?
  (iii) Druan _____ Jane!
  (iv) Gobeithio y prynwch chi lawer _____ nhw.
  (v) Doedd hi ddim yn hoff _____ i.
  (vi) Aeth llawer _____ ni i'r gêm.
  (vii) Gobeithio y daw llawer _____ chi i'n gweld ni'n chwarae.

* * * * *

C Mrs. Owen: Mae rhyw aderyn bach wedi dweud wrthof i dy fod ti'n cael dy benblwydd heddiw. A faint wyt ti?
Gwyn: Rydw i'n ugain.
Mrs. Owen: Penblwydd hapus i ti. Wyt ti'n teimlo ychydig yn gallach? ...

* * * * *

Mrs. Owen: Some little bird has told me that you're having your birthday today. And how old (*lit.* much) are you?
Gwyn: I'm twenty.
Mrs. Owen: Happy birthday to you. Do you feel a little (*lit.* a bit) wiser? ...

4 Geirfa

a)
aderyn (adar) (*m*) — bird
call — wise
ugain — twenty
ychydig — a little

b) **Ugain** is the traditional form for **dau ddeg** — *twenty*, and very widely used.

5 Ychydig yn gallach ... — A little wiser ...

a) **Ychydig** — *a little*, precedes **yn** + *adjective*, e.g.
ychydig yn hwyr — a little late
ychydig yn gynnar — a little early
People also say **tamaid**, e.g. tamaid yn dywyll — a little dark.

Another variation is to add **bach** after **ychydig** or **tamaid**, e.g.
ychydig/tamaid bach yn hwyr — a little bit late.

b) What do the following people say about themselves? e.g.

Rydw i ychydig yn dew.

(i)

(ii)

(iii)

(iv)

c) The adjective after **ychydig yn** can also be in its comparative form, e.g.
llai — less, gwell — better, mwy blasus — tastier, etc., e.g.
Mae Cymru ychydig yn fwy mynyddig na Lloegr.
Roedd y siop ychydig yn fwy prysur ddoe.
(Check also **L29, N7a**)

d) Change the following adjectives into their comparative form and place them in sentences preceded by **ychydig yn**, e.g.
tywyll — Mae hi ychydig yn dywyllach yn yr ystafell 'ma na drws nesaf.
(i) drud   (ii) trwm   (iii) hwyr   (iv) gwlyb   (v) golau   (vi) diddorol
(vii) awyddus   (viii) poeth   (ix) pert   (x) trwchus

e) Change the following sentences to incorporate the **ychydig yn** + *comparative form* of the adjective. Complete the sentences as you wish, e.g.
Mae Mair yn fach. — Mae Mair ychydig yn llai na fi.
  (i) Roedd y stecen yn flasus.
  (ii) Ydyn nhw'n gyfoethog?
  (iii) Rydych chi'n lwcus.
  (iv) Mae hi'n wlyb heddiw.
  (v) Rydw i'n hen.
  (vi) Mae'r got newydd 'ma'n drwm.
  (vii) Roedd Mair yn dawel.
  (viii) Mae'r stryd 'ma'n swnllyd.

* * * * *

D *(yn swyddfa'r prifathro)*

Mrs. Edwards:	Dim ond gair byr, Mr. Jones, i ddweud y byddaf i'n rhoi'r gorau i fy swydd ar ddiwedd y tymor.
Y Prifathro:	Ond dydych chi ddim wedi cael swydd newydd, ydych chi?
Mrs. Edwards:	Dim o gwbl. Rydw i'n disgwyl babi ym mis Mehefin.
Y Prifathro:	Ardderchog! Llongyfarchiadau i'r ddau ohonoch chi! Dyna'r rheswm gorau am adael, yntê?

(in the headmaster's office)

Mrs. Edwards:	Just a quick *(lit.* short) word, Mrs. Jones, to say that I'll be giving up my post at the end of term.
The Headmaster:	But you haven't had another post, have you?
Mrs. Edwards:	Not at all. I'm expecting a baby in June.
The Headmaster:	Splendid! Congratulations to you both! That is the best reason for leaving, isn't it?

* * * * *

E

Mr. Evans:	Llongyfarchiadau i ti ar dy lwyddiant, Marged!
Marged:	Diolch yn fawr i chi.
Mr. Evans:	Mae dy rieni'n siŵr o fod yn falch ofnadwy ohonot ti!
Mr. Evans:	Congratulations to you on your success, Marged!
Marged:	Thank you very much.
Mr. Evans:	Your parents must surely be terribly proud of you!

* * * * *

6 Geirfa

a)

babi-s *(m)*	—	baby
balch (o)	—	proud (of)
dim o gwbl	—	not at all
diwedd *(m)*	—	end
llongyfarchiadau	—	congratulations
llwyddiant *(m)*	—	success
rheswm (rhesymau) *(m)*	—	reason
swydd-i *(f)*	—	job, post
tymor (tymhorau) *(m)*	—	term, season

b) Dysgwch:
y gaeaf — the winter, y gwanwyn — the spring, yr haf — the summer, yr hydref — the autumn. In Welsh we place y/yr before the four seasons or terms, e.g.
Mae'r adar yn mynd i'r Affrig yn y gaeaf. — The birds go to Africa in winter.

7 Llongyfarchiadau ar ... — Congratulations on ...

a) We congratulate people often on their: birthday — penblwydd; marriage — priodas; engagement — dyweddiad; success — llwyddiant.

b) Using the **chi** form congratulate a person, using the above words. Add an element, e.g. In **E** Mr. Evans could have said:
Llongyfarchiadau i ti ar dy lwyddiant yn yr eisteddfod, Marged!

c) A variation on **(b)** is not to use the pronoun (**dy,** etc.) and to use a verb-noun, e.g. llwyddo — to succeed, ennill — to win
Llongyfarchiadau ar ennill y gêm!
Llongyfarchiadau ar lwyddo yn yr arholiad!
Llongyfarchiadau ar ddod yn gyntaf/ail!
Llongyfarchiadau ar gael dyrchafiad! — Congratulations on getting promotion!

8 yn falch ofnadwy — terribly proud

a) **Ofnadwy** after an adjective conveys *terribly*, e.g.
yn brysur ofnadwy — terribly busy
yn dywyll ofnadwy — terribly dark

b) Look at the following illustrations about the weather and state:
Roedd hi'n _____ ofnadwy ... completing the sentence as you wish:

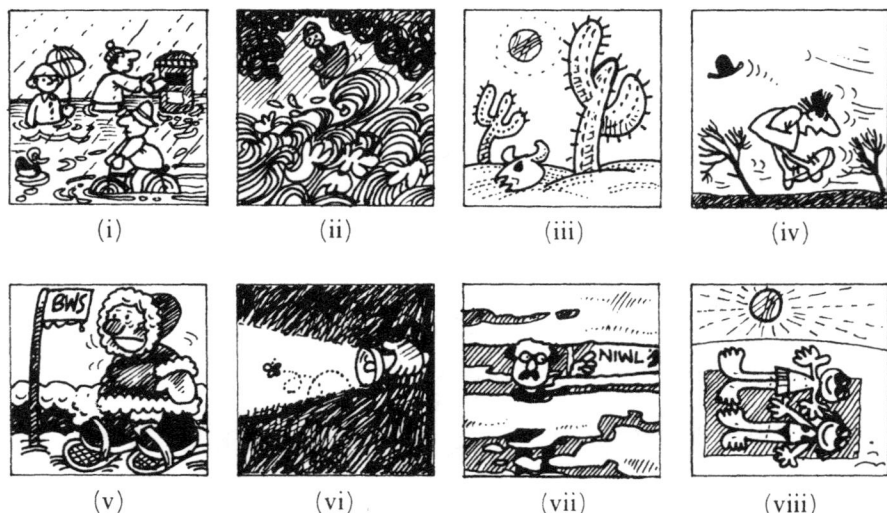

(i) (ii) (iii) (iv)

(v) (vi) (vii) (viii)

c) A variation of **(a)** is that people often say: yn ofnadwy o _____ (+ *S.M.*), e.g.

    yn ofnadwy o wlyb
    yn ofnadwy o dwym

Change the following sentences to incorporate this **ofnadwy o** pattern, e.g.
Mae'r Pacific yn ddwfn. — Mae'r Pacific yn ofnadwy o ddwfn.
  (i) Ydy Mrs. Jones yn dost?
  (ii) Roedd Goliath yn gryf.
  (iii) Mae Everest yn uchel.
  (iv) Mae Eryri'n fynyddig.
  (v) Rydych chi'n gynnar heddiw.
  (vi) Rydw i'n brysur heddiw.

d) Use the **ofnadwy o** pattern in response to these questions, e.g.
Pa mor swnllyd ydy'r plant? — Mae'r plant yn ofnadwy o swnllyd.
  (i) Pa mor ddrud ydy'r car?
  (ii) Pa mor bwysig oedd y llyfr?
  (iii) Pa mor gul ydy'r garej?
  (iv) Pa mor hwyr ydy'r rhaglen?
  (v) Pa mor dew oedden nhw?
  (vi) Pa mor gyrliog oedd ei gwallt?

* * * * *

F *(mewn brecwast priodas)*
Mr. Huws: Ac ar yr achlysur hapus 'ma, foneddigion a boneddigesau, mae hi'n bleser o'r mwyaf gen i ddymuno priodas dda i'r pâr ifanc ... a llawer ohonyn nhw! Ha! Ha! Ha!

(at a wedding breakfast)
Mr. Huws: And on this happy occasion, ladies and gentlemen, it gives me the greatest pleasure to wish a happy (*lit.* good) marriage to the young couple ... and many of them! Ha! Ha! Ha!

* * * * *

9 Geirfa:

a)
achlysur-on (*m*)	— occasion
boneddigesau	— ladies
boneddigion	— gentlemen
dymuno	— to wish
pâr (parau) (*m*)	— pair

b) Note in **F** that **boneddigion** has undergone a soft mutation (**L29, N10a**).
You will also observe that the word order in Welsh is the reverse of the English word order! Strangely enough, the other popular communal greeting:
Frodyr a chwiorydd! — Brothers and sisters!
also addresses the male section of the audience first!

* * * * *

G *(dweud ffarwél)*

Megan: Diolch am bopeth unwaith eto!
Gwen: Croeso. Siwrnai ddiogel i chi a chofiwch ddod eto.
Megan: Byddwn yn siŵr o wneud hynny. Beth bynnag, pam na ddowch chi i'n gweld ni y tro nesaf? . . .

(saying farewell)

Megan: Thanks for everything once again!
Gwen: (You're) welcome. Have a safe journey (*lit.* a safe journey to you) and remember to come again.
Megan: We will be sure to do that. Anyway, why don't you come to see us next time? . . .

10 Geirfa

diogel	— safe
ffarwél	— farewell
siwrnai (siwrneiau) (*f*)	— journey
yn siŵr o . . .	— sure of . . .

11 yn siŵr o wneud — sure to do

a) The preposition **o** *(+ S.M.)* links **yn siŵr** with the verb-noun, e.g.

Maen nhw'n siŵr o ddod. — They are sure to come;
Ydy Cymru'n siŵr o ennill? — Are Wales sure to win?
Maen nhw'n siŵr o golli! — They are sure to lose.
Mae'r papur yn siŵr o fod dan y gadair. — The paper must surely be under the chair.

b) Place the following words in complete sentences using the **yn siŵr o** pattern, e.g.

fe fyddwch chi/ adnabod —
Fe fyddwch chi'n siŵr o adnabod John gan ei fod e'n dal ac yn gwisgo cot goch olau.
(i) mae hi/llwyddo (ii) ydych chi?/cael (iii) roedden nhw/gwario
(iv) rydw i/mynd yn dew

c) Using the **yn siŵr o** pattern respond to the following sentences in any way you wish, e.g.

Ble mae'r trên? — Mae e'n siŵr o ddod cyn bo hir.
  (i) Mae hi'n ofnadwy o gymylog!
  (ii) Enilliff Cymru ddydd Sadwrn?
  (iii) Wyt ti wedi gweld y plant?
  (iv) Sut gwnaiff Elen yn yr arholiad?
  (v) Mae tŷ Mr. a Mrs. Jones ar werth!

12 Pam na ddowch chi? — Why don't you come?

a) **Pam?** — *Why?* is followed by **na** or **nad** (+ vowel) when the verb is negative. (cf. **Os na L29, 4a**). The verb will be of an emphatic nature, e.g.
Pam nad ydy e yma?   — Why isn't he here?
Pam nad oedd hi yno?   — Why wasn't she there?
Pam na fyddi di'n dod?   — Why won't you be coming?

You will recall that the consonants **p, t, c** undergo an aspirate mutation after **na**, whilst the consonants **b, d, g, ll, m, rh** undergo a soft mutation, e.g.
Pam na phrynan nhw gar newydd — Why won't they buy a new car?
Pam na chewch chi ddod? — Why won't you be allowed to come?
Pam na ddelen nhw gyda chi? — Why wouldn't they come with you?
Pam na yrri di yno? — Why don't you drive there?

b) Change the following sentences so that **Pam na(d)** is used followed by the short form of the verb used. Also, suggest an alternative element to what is expressed, e.g.
Fe fyddan nhw'n dal bws. — Pam na ddalian nhw drên?
  (i) Fe fyddan nhw'n mynd i Sbaen.
  (ii) Fe fydd hi'n peintio'r lolfa'n gyntaf.
  (iii) Fe fyddwch chi'n dod yn y gaeaf.
  (iv) Fe fyddi di'n cael dod nos yfory.
  (v) Fe fyddwn ni'n cael ymweld â'r ysbyty rhwng dau a thri o'r gloch.
  (vi) Fe fydd e'n galw cyn mynd i'r gwaith.

c) Place **pam na(d)** in front of the following verbs and complete each sentence as you wish, e.g.
edrychaist ti — Pam nad edrychaist ti ar y ffilm neithiwr? Roedd e'n dda iawn.
(i) cei di fynd   (ii) cân nhw ddod   (iii) daethon nhw   (iv) aethoch chi
(v) prynaist ti   (vi) gwnaiff hi gerdded   (vii) dywediff e   (viii) trafodwch chi

13

Read and listen to the dialogues again and note carefully how one congratulates people, conveys sympathy, etc. Then, when working in pairs, one person should say a key word (like *Priodas*) and the other to respond appropriately (by saying *Priodas dda!*).

14 Cyfieithwch:

  (i) Is it true that Jack and Jill have separated?
  (ii) It's a pity that you *(pl.)* must leave now.
  (iii) I was terribly sorry to hear about your *(fam.)* father's death.
  (iv) Perhaps (that) they will be allowed to stay.
  (v) (I) hope that she'll come before long.

- (vi) Is she a little better today?
- (vii) Congratulations to them on their great success.
- (viii) When is the end of the term?
- (ix) There aren't many posts available at this time.
- (x) Which one is your (*pl.*) favourite season?
- (xi) Ladies and gentlemen, this is an important occasion in the history of the school.
- (xii) (I) hope that she'll have a safe journey.
- (xiii) I will be sure of telling them.
- (xiv) Why won't they come with us?
- (xv) Why didn't you (*fam.*) tell me?

Gwers 32 Dyma'r Newyddion ... — Here is the News ...

Gwrandewch

Bu farw gwraig oedrannus yn gynnar y bore 'ma o ganlyniad i ddamwain a ddigwyddodd pan fu car a lori mewn gwrthdrawiad ar y briffordd rhwng Aberystwyth a Llangurig. Roedd y wraig a fu farw yn teithio yng nghar ei mab. Aethpwyd ag e i'r ysbyty yn Aberystwyth yn dioddef o anafiadau difrifol. Beth amser yn ôl, dywedodd llefarydd ar ran yr ysbyty fod ei gyflwr cystal ag y gellid disgwyl. Hyd yn hyn, dydy'r heddlu ddim wedi cyhoeddi enw'r wraig a fu farw, ac maen nhw'n apelio am dystion. Credir bod car coch yn teithio o flaen y lori pan ddigwyddodd y ddamwain.

*

Ymddangosodd llanc deunaw oed gerbron y llys yng Nghaerdydd heddiw ar gyhuddiad o lofruddio hen ŵr pedwar ugain oed yn ei gartref fis Rhagfyr diwethaf. Honnwyd gan yr erlyniad bod John Smith o Roadview Place, Caerdydd, wedi torri i mewn i dŷ Mr. Joe Brown, cymydog iddo, gyda'r bwriad o ddwyn arian, ac iddo gael ei ddarganfod gan Mr. Brown. Honnodd yr erlyniad i'r diffynnydd wedyn ymosod ar Mr. Brown a'i daro â morthwyl. Mae Mr. Smith yn gwadu'r cyhuddiad yn ei erbyn ...

*

Rhagor o ddiweithdra yng Ngwynedd. Cyhoeddodd Cwmni Deri, sy'n cynhyrchu dodrefn parod, y byddan nhw'n diswyddo cant o'u gweithwyr ar ddiwedd y mis. Eglurodd cadeirydd y cwmni mai prinder archebion yn ystod y dirwasgiad economaidd presennol oedd yn gyfrifol am y penderfyniad.
Pan glywodd y newyddion galwodd Aelod Seneddol Arfon, Mr. Huw Price, ar y llywodraeth i newid ei pholisïau economaidd a diwydiannol. Dywedodd fod miloedd o bobl ar y clwt a heb obaith o gael swyddi eraill am fod polisïau'r llywodraeth yn fethiant llwyr ...

*

Ac yn olaf, y tywydd. Bydd hi'n sych yfory gyda rhai cyfnodau heulog a bydd y gwynt yn ysgafn o'r de-orllewin. Fe fydd hi'n parhau'n gynnes ...

*

A dyna ddiwedd y newyddion.

* * * * *

An elderly woman died early this morning as a result of an accident which occurred when a car and a lorry were in a collision on the main road between Aberystwyth and Llangurig. The woman who died was travelling in her son's car. He was taken to the hospital at Aberystwyth suffering from serious injuries. Some time ago, a spokesman said on behalf of the hospital that his condition is as well as could be expected. Up till now, the police have not announced the name of the woman who died, and they are appealing for witnesses. It is believed that a red car was travelling in front of the lorry when the accident occurred ...

*

An eighteen year old youth appeared in (*lit.* before the) court in Cardiff today on a charge of murdering an eighty year old man in his home last December.

The prosecution alleged that John Smith of Roadview Place, Cardiff, had broken into Mr. Joe Brown's house, a neighbour of his, with the intention of stealing money, and that he was discovered by Mr. Brown. The prosecution alleged that the defendant then attacked Mr. Brown and struck him with a hammer. Mr. Smith is denying the charge against him ...

*

More unemployment in Gwynedd. Deri Company, which manufactures ready-made furniture, announced that they will be dismissing a hundred of their workers at the end of the month. The chairman of the company explained that lack of orders during the present economic recession was responsible for the decision.

When he heard the news the Member of Parliament for Arfon, Mr. Huw Price, called upon the government to change its eonomic and industrial policies. He said that thousands of people were on the dole and without hope of getting other jobs because the government's policies were total failures ...

*

And finally, the weather. It will be dry tomorrow with some sunny periods and the wind will be light from the south-west. It will remain (*lit.* continue) warm ...

*

And that's the end of the news.

1 Enwau:

a)
aelod-au seneddol (*m*)	— member of parliament
anaf-iadau (*m*)	— injury
archeb-ion (*f*)	— order
bwriad-au (*m*)	— intention
cadeirydd-ion (*m*)	— chairman
cyfnod-au (*m*)	— period
cyhuddiad-au (*m*)	— accusation
cymydog (cymdogion) (*m*)	— neighbour
diffynnydd (diffynyddion) (*m*)	— defendant
dirwasgiad (*m*)	— recession
dodrefnyn (dodrefn) (*m*)	— a piece of furniture
erlyniad (*m*)	— prosecution
gweithiwr (gweithwyr) (*m*)	— worker
gŵr (gwŷr) (*m*)	— man
gwrthdrawiad (-au) (*m*)	— collision
gwynt-oedd (*m*)	— wind
llanc-iau (*m*)	— youth
llywodraeth-au (*f*)	— government
methiant (methiannau) (*m*)	— failure

mis-oedd (*m*)	— month
morthwyl-ion (*m*)	— hammer
penderfyniad-au (*m*)	— decision
polisi (polisïau) (*m*)	— policy
priffordd (priffyrdd) (*f*)	— main road
Rhagfyr (*m*)	— December
tyst-ion (*m*)	— witness

b) Note the soft mutation at the beginning of the following expressions:
beth amser yn ôl; fis Rhagfyr diwethaf (See **p. 51, N8a**)

c) **cymydog iddo** — *a neighbour of his* (**L23, N1g**)

d) **Niwed (niweidiau)** is often used instead of **anaf**, e.g.
Gest ti niwed? — Were you injured? (*lit.* Did you receive an injury?)

2 Amrywiol

am	— because
ar gyhuddiad o	— on a charge of, accused of
ar y clwt	— on the dole
cyfrifol (am)	— responsible for
difrifol	— serious
economaidd	— economic
gerbron	— before, in front of
i	— that
oedrannus	— elderly
o ganlyniad i	— as a result of
pedwar ugain	— eighty (*i.e.* 4 x 20)
presennol	— present
rhai	— some
yn ei erbyn	— against him

3 I — that

a) The preposition **i** and its personal forms can be used to convey *that* followed by a past action. The key verb-noun undergoes a soft mutation after the **i** forms, e.g.
Honnodd yr erlyniad i'r diffynnydd ymosod ar yr hen ddyn. —
The prosecution alleged that the defendant attacked the old man.
... ac iddo gael ei ddarganfod ... — ... and that he was discovered ...
Ddywedoch chi i chi alw neithiwr? — Did you say that you called last night?
Ydy e'n wir iddyn nhw golli eu harian? — Is it true that they lost their money?

b) Use the **i** pattern to link **Ydy e'n wir** ...? with the ideas conveyed in the following illustrations. Complete each sentence by adding something.

Ydy e'n wir iddo fe dorri ffenestr yr ysgol ddoe?

(i)

(ii)

(iii)

(iv)

(v)

(vi)

(vii)

(viii)

c) Change the following sentences so that they start with **Fe glywais i** followed by the **i** pattern, e.g.
Fe gafodd e gar newydd ddoe. — Fe glywais i iddo fe gael car newydd ddoe.
   (i) Fe ymddangoson nhw ar y teledu y llynedd.
   (ii) Fe ffonioch chi fi neithiwr.
   (iii) Fe ymosododd y bechgyn ar yr hen ddyn.
   (iv) Fe gest ti ddamwain yr wythnos diwethaf.
   (v) Fe roion nhw anrheg drud i ti.

4   Am — Because

a) **Achos, oherwydd, gan** and **am** convey *because*. **Bod** forms (**p. 153**) are used with **am** to convey *because is* and *because was* tenses, e.g.
Aeth e ddim i'r ysgol am ei fod e'n dost.
Welaf i monoch chi yfory am fy mod i'n mynd i'r ysbyty.
Mr. Jones, fyddaf i ddim yn y gwaith heddiw am fod ffliw ar fy ngwraig.
Fedraf i ddim aros am fod rhaid i fi ddal y trên.

b) Join the following sentences by using **am + bod** forms.
   (i) Rydw i'n hoffi'r car 'na. Mae e'n gyflym.
   (ii) Dewisodd hi'r sgert. Roedd hi'n lliwgar.
   (iii) Fyddaf i ddim yn gallu bod yno. Mae'r plant gartref ar eu pennau eu hunain.
   (iv) Doedden ni ddim yn hoffi'r sglodion. Roedden nhw'n rhy galed.
   (v) Dydw i ddim yn gallu dod. Mae rhaid i fi edrych ar ôl y plant.

c) **Y** is used as a link word after **am** to introduce **dylwn i,** etc., future or conditional verbs (**p. 185**), e.g.
Fyddaf i ddim yn gallu bod yno am y byddaf i'n gweithio.
Fe ddywedodd o wrthof i am aros am y byddai fo'n barod cyn bo hir.

5   Peth/ Rhai — Some

a) These two words convey *some* (**p. 148, N2d**). **Peth** is associated with bulk objects whereas **rhai** (being the plural of **un** — *one*) is linked with objects which can be counted singly. The following, for example, are bulk objects: cig, coffi, te, siwgr, glo, caws, llaeth, dŵr, cwrw, gwin, llysiau, teisen, reis, pwdin treiffl, jeli, bara (*bread*), gwlân (*wool*).
Tatws — *potatoes* in mashed form are bulk (**peth**) but in roasted or chipped form they could be eaten singly, thus we refer to them as **rhai**, cf. a slice of cake (**peth**) but individual mince pies, etc. (**rhai**).

b) (i) Ask your partner: **Wyt ti eisiau** ...? or **Ydych chi eisiau** ...? and name the items illustrated.
(ii) Then your partner should decline by saying: Dim diolch, am fod peth/rhai 'da fi!

(i)   (ii)   (iii)

(iv)   (v)   (vi)

(vii)   (viii)

c) Your friend just says, for example, Reis? Respond by saying:
Fe hoffwn i gael peth/rhai, os gwelwch yn dda.
(i) jeli? (ii) orennau? (iii) tocynnau? (iv) cawl? (v) papurau? (vi) moddion (vii) tatws wedi eu rhostio? (viii) gwaith cartref? (ix) losin? (x) siocled?

6 Yn ei erbyn (e) — Against him

a) The pronouns **fy, dy, ei, ein, eich** and **eu** come between **yn** and **erbyn**. cf. o flaen (**L21, N10a**) Note in particular: yn ei herbyn (hi), yn ein herbyn (ni), yn eu herbyn (nhw) (**p. 70, N6d** and **p. 84, N7a**).

b) Complete the question: Pwy sy'n chwarae yn _____? according to the cue given, e.g. hi — Pwy sy'n chwarae yn ei herbyn (hi)?
(i) nhw (ii) chi (iii) ti (iv) fi (v) hi (vi) ni (vii) fe

c) Use the cues in **(b)** to ask: Enillodd John yn _____?

7 Berfau

a)

aethpwyd ag e	— he was taken
apelio (am)	— to appeal (for)
cyhoeddi	— to announce (*also,* to publish)
cynhyrchu	— to produce
darganfod	— to discover (*stem:* darganfydd-)
diswyddo	— to dismiss
egluro	— to explain
gellid	— one could
gwadu	— to deny
honni	— to allege, to maintain
llofruddio	— to murder
parhau	— to continue (*stem:* parha-)
ymddangos	— to appear (*stem:* ymddangos-)
ymosod (ar)	— to attack

b)
- (i) The impersonal past tense —**wyd** form of **mynd â** is **aethpwyd â** and **daethpwyd â** is the —**wyd** form of **dod â** (**L21, N4a**), e.g.
Sut aethpwyd â'r cerrig o Fryniau'r Preselau i Gôr y Cewri? — How were the stones taken from Preselau Hills to Stonehenge?
Pryd daethpwyd â nhw adref! — When were they brought home?
- (ii) Note how **ar** follows **ymosod**, e.g.
Pwy ymosododd ar yr hen ddyn? — Who attacked the old man?
- (iii) A variation on **parhau** is **para** and besides meaning *to continue* both words can mean *to last*, e.g.
On'd ydy'r esgidiau 'ma'n para'n dda?—Aren't these shoes lasting well?

8

(i) Ask your partner as many questions as you can about an imaginary accident, e.g.

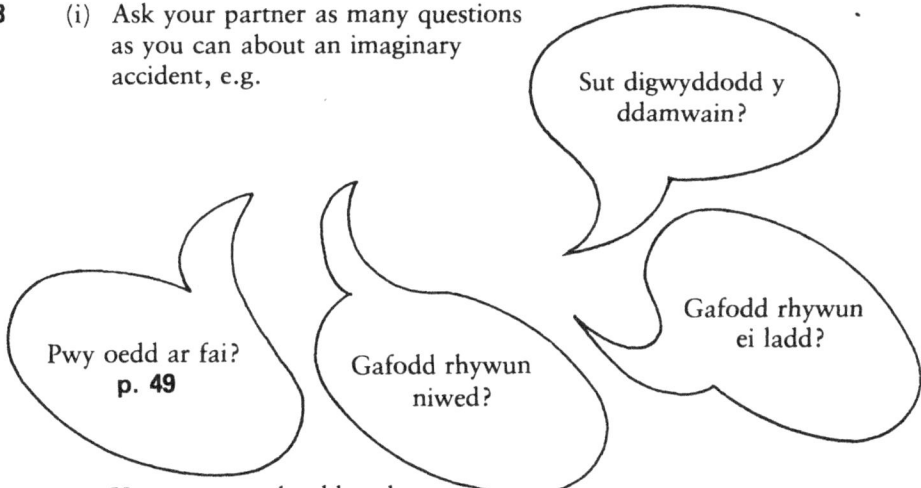

Your partner should reply.

(ii) Ask questions based on the imaginary court case reported in the bulletin, e.g.
Pwy ymddangosodd yn y llys?
Beth oedd y cyhuddiad yn ei erbyn?

9 Credir, Gellid

a) You are already acquainted with the —wyd ending which conveys the impersonal past tense form (**L21, N4a**). —IR is the present/future tense ending and used frequently in news bulletins. But the —ir ending is not a very common feature of the spoken language, with the long form being used instead, e.g.
Fe fydd enw'r wraig yn cael ei gyhoeddi yfory. —
Fe gyhoeddir enw'r wraig yfory.
Mae'r llanc yn cael ei gyhuddo o lofruddio hen ddyn. —
Cyhuddir y llanc o lofruddio hen ddyn.
Dywedir bod y dyn mewn cyflwr difrifol. —
It is said that the man is in a serious condition.
  Note that **bod** does not undergo a soft mutation when it follows short impersonal verbs with —wyd or —ir, endings.

b) Change the following sentences so that the italicized verb-noun becomes an —ir verb, e.g.
Mae e'n cael ei ddweud bod yr Alban yn hyfryd. —
Dywedir bod yr Alban yn hyfryd.
  (i) Mae'r llanc yn cael ei dalu bob wythnos.
  (ii) Fe fydd y cylchgrawn yn cael ei gyhoeddi bob mis.
  (iii) Mae cant o weithwyr yn cael eu diswyddo cyn diwedd y mis.
  (iv) Fe fydd y rhaglen yn cael ei chynhyrchu gan John Jones.
  (v) Mae e'n cael ei gredu bod y dyn wedi cael ei lofruddio.

c) —ID is the impersonal ending of the imperfect tense and is not a feature of everyday speech, e.g.
Dywedid bod y llanc yn euog. —
It was being said that the youth was guilty. (*euog — guilty*)
Honnid gan yr heddlu bod y dyn wedi cael ei lofruddio. —
It was being alleged by the police that the man had been murdered.
Gellid dweud hynny. — One could say that.

10 Dywedwch yn Gymraeg:

  (i) Have you (*fam.*) ever played against her?
  (ii) He said that the car would be ready by five o'clock, didn't he?
  (iii) They said that (*i*) the man attacked them.
  (iv) She won't be there because (*am*) she has a nasty cough.
  (v) I won't be coming since (*am*) I should be working.
  (vi) No more wine for me, thank you (*pl.*) — I've got some.
  (vii) Tickets for the game are scarce; you (*pl.*) haven't got some, have you!
  (viii) What could be done to help her?
  (ix) How many times a year is the magazine being published? (*long form*)
  (x) Everest was climbed (*short form*) by Sherpa Tensing in 1953.

(xi) It was being said (*short form*) that she had a lot of money.
(xii) The charge is being denied (*short form*) by the youth.
(xiii) He maintains that thousands of people are out of work as a result of the economic policy of the present government.
(xiv) Who was responsible for the accident?
(xv) How did the accident happen?

Gwers 33 Pa drefn? — Which order?

Gwrandewch:

A Fe ges i fy ngeni ar yr unfed ar ddeg ar hugain o Awst. Pryd cawsoch chi eich geni?

I was born on the thirty first of August. When were you born?

B (i) Pryd ysgrifennodd e atat ti?
(ii) Dere i fi gael meddwl ... Fe ges i lythyr oddi wrtho fe ar yr unfed ar hugain o Orffennaf.

(i) When did he write to you?
(ii) Let me think ... I had a letter from him on the twenty first of July.

C *(Ar y cwrs golff)*
Fe gest ti gryn dipyn o lwc ar yr ail dwll ar bymtheg, on'd do fe?
Sut dest ti ma's o'r tywod, Duw/dyn a ŵyr!

(On the golf course)
You had a considerable amount of luck on the seventeenth hole, didn't you?
How did you come out from the sand, God/man only knows!

D Allech chi adrodd adnod gyntaf y drydedd salm ar hugain, ys gwn i?

Could you recite the first verse of the twenty third pslam, (I) wonder?

E (i) Faint o benodau rwyt ti wedi eu darllen hyd yn hyn?
(ii) Rydw i ar ganol y bedwaredd bennod ar hyn o bryd.

(i) How many chapters have you read up till now?
(ii) I'm in the middle of the fourth chapter at the moment.

F Pwy biau'r trydydd tŷ ar y dde?

Who owns the third house on the right?

G (i) Bu farw Harri'r Wythfed ym 1547.
(ii) Pwy ddaeth ar ei ôl o?
(iii) Edward y Chweched, rydw i'n credu.

(i) Henry VIII died in 1547.
(ii) Who came after him?
(iii) Edward I, I think *(lit.* believe).

H Newidiodd Cymru gryn dipyn yn y ddeunawfed ganrif yn sgîl y Chwyldro Diwydiannol.

Wales changed considerably in the eighteenth century in the wake of the Industrial Revolution.

*

I Rhag ofn na welaf i monoch chi cyn y pumed ar hugain, gaf i ddymuno Nadolig Llawen i chi nawr.

In case I won't see you before the twenty fifth, may I wish you a Happy Christmas now.

* * * * *

1 Geirfa

a)
adnod-au (f)	—	verse (*in the Bible*)
adrodd	—	to recite
ar ei ôl e/o	—	after him
ar ganol	—	in the middle of
atat ti	—	to you
cryn dipyn (o)	—	considerable, considerable amount of
cwrs (cyrsiau) (m)	—	course
Duw (m)	—	God
faint o	—	how much
golff (m)	—	golf
lwc (f)	—	luck
oddi wrtho fe	—	from him
piau	—	to own
rhag ofn	—	in case
salm-au (f)	—	psalm
twll (tyllau) (m)	—	hole
yn sgîl	—	in the wake of
ys gwn i	—	(I) wonder

b) The Welsh word for a verse of a poem is **pennill (penillion)** (m).
A verse from the Bible is **adnod** (f). Note: **pennod** — *chapter*.

c) **Cryn** precedes nouns and generally means *considerable*. It is followed by a soft mutation, e.g.
cryn drafferth — considerable difficulty
cryn lanast — considerable mess
Very often, it is linked with **tipyn** — *a lot* and **cryn dipyn o** (+ S.M.) conveys *a considerable amount/number of* ... the word after **o** does not have to be a noun, e.g.
Mae cryn dipyn o addurno 'da fi i'w wneud.
Mae cryn dipyn ohonyn nhw ar goll.
cf. the **llawer o** pattern

d) Place **cryn dipyn o** in front of the following words and then place in sentences:
(i) adeiladau (ii) beddau (iii) damweiniau (iv) rhaglenni
(v) darllen (vi) Cymry

2 Faint o ...? — How many/ much ...?

a) An alternative method to using **sawl** (**p. 73**) to ask How many ...? is to use the pattern **Faint o** + plural noun which undergoes a soft mutation.
Unlike **sawl** (which can only mean *how many?*) the **faint o** construction can also ask *how much?* e.g.
Faint o blant sy 'da chi?
Faint o siwgr rydych chi ei eisiau?
You will note that **sawl** is followed by a singular noun; only a plural noun can follow **faint o.**

b) Base your questions on the following illustrations and ask:
Faint o — rwyt ti ei eisiau ...?
and complete each question as you wish, e.g.
Faint o halen rwyt ti ei eisiau ar dy sglodion?

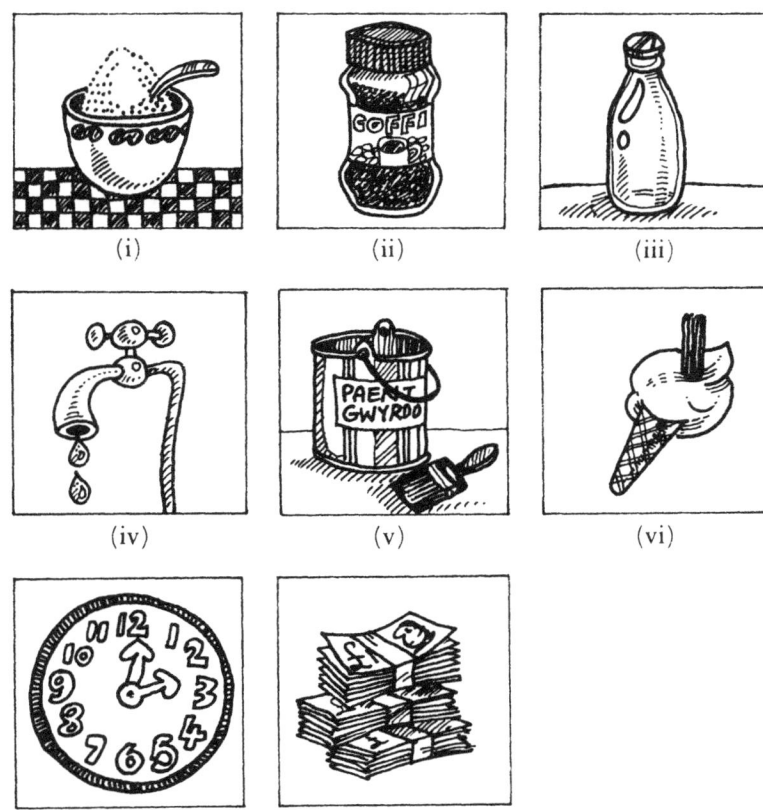

c) Using the **Faint o** pattern ask for factual information based on the given cues, e.g. blwyddyn — Faint o fisoedd/ddiwrnodau sy mewn blwyddyn?
(i) mis (ii) wythnos (iii) diwrnod (iv) awr (v) canrif (vi) punt (vii) milltir

3   atat ti — to you

a) At has personal forms just like **am** and **ar**, etc., which are:

ataf i	— to me
atat ti	— to you
ato fe/fo	— to him
ati hi	— to her
aton ni	— to us
atoch chi	— to you
atyn nhw	— to them

At is linked with certain verb-nouns and follows the following:

anfon at	— to send to (a person)
cymryd at	— to take to (to like)
mynd at	— to go to/towards
dod at	— to come towards (a person)
synnu at	— to be astonished/surprised at
ychwanegu at	— to add to
ysgrifennu at	— to write to (a person)
cofio at	— to give one's regards to (a person)

e.g. Rydw i'n synnu atoch chi!
  Dydw i ddim yn gallu cymryd atyn nhw o gwbl.
  Anfonoch chi ddim carden Nadolig ataf i eleni!

b) Use the appropriate **at** form with the command of the verb-nouns given in brackets in response to the following statements, e.g.
Fe welaf i Tom nos yfory. (Cofio) —
Cofiwch fi ato fe.
  (i) Rwy'n gweld Mair yfory. (cofio)
  (ii) Dydw i ddim wedi siarad â Tom a Mair ers amser. (ysgrifennu)
  (iii) Rydw i'n gallu gweld Tom. (mynd)
  (iv) Rydyn ni yma! (dod)
  (v) Dydw i ddim wedi cael llythyr oddi wrthoch chi ers amser. (anfon)

4   oddi wrtho fe — from him

a) *From* (a person) is **oddi wrth**, whereas **o** conveys *from* (a place).
Oddi wrth has personal forms which are:

oddi wrthof i	— from me
oddi wrthot ti	— from you
oddi wrtho fe/fo	— from him
oddi wrthi hi	— from her
oddi wrthon ni	— from us
oddi wrthoch chi	— from you
oddi wrthyn nhw	— from them

b) Change the following sentences so that the pronoun is replaced by the **oddi wrth** forms, e.g.
Fe ges i eu llythyr. — Fe ges i lythyr oddi wrthyn nhw.
  (i) Gawsoch chi fy llythyr i?
  (ii) Pryd cest ti ein llythyr ni?
  (iii) Fe ges i dy lythyr di ddoe.
  (iv) Fe ges i eich llythyr chi yr wythnos diwethaf.
  (v) Gest ti ei llythyr hi?
  (vi) Fe gawson ni ei lythyr e heddiw.

c) Learn also to ask:
Oddi wrth pwy y . . . ? — *From whom . . . ? (lit.:* from whom that . . . ?)
e.g. Oddi wrth pwy y cawsoch chi'r anrheg 'na?
We could emphasize the reply, e.g.
Oddi wrth fy ngŵr y ces i'r anrheg 'na!

d) Follow the pattern of the above example but change **cawsoch chi** to other persons as requested:
  (i) fi (ii) ti (iii) fe (iv) hi (v) ni (vi) nhw

5 ar ei ôl e — after him

a) You have already seen how the pronoun is placed between the two elements of a preposition, e.g. o flaen (**L21, N10a**) yn erbyn (**L32, N6a**).
Similarly with **ar ôl** — *after,* but note the following:
ar ei hôl hi   — after her
ar ein hôl ni   — after us
ar eu hôl nhw   — after them

b) Replace the nouns in the following sentences with the pronoun forms and complete each sentence as you wish.
  (i) Roeddwn i ar ôl John a ti . . .
  (ii) Roeddwn i ar ôl John a Jane . . .
  (iii) Roeddwn i ar ôl John . . .
  (iv) Roeddwn i ar ôl Jane . . .
  (v) Roeddech chi ar ôl John a fi . . .

c) Complete: Fe ddes i ar . . . with the appropriate **ar ôl** form according to the pronoun given.
  (i) fe (ii) hi (iii) chi (iv) nhw (v) ti

6 Pwy biau'r ...? — Who owns ...?

a) **Piau** means *to own*. It is always pronounced **bia**. When we want to ask: Who owns ...? the correct form is: **Pwy biau** ...? However, many people use **sy**, and say: **Pwy sy biau** ...? **Pwy oedd biau** ...? asks: *who owned* ...? e.g.
Pwy (sy) biau'r tŷ 'na?
Pwy oedd biau'r tŷ 'na?
   In reply, the construction is normally emphatic in nature, so note:
Pwy (sy) biau'r llyfr 'na? — Fi biau fe!
Pwy oedd biau'r tŷ 'na? — Athro oedd biau fe, rydw i'n siŵr.
Pronouns can also precede **biau**, e.g.
Ti biau'r car 'na?
Nhw biau'r ceffyl 'ma?

b) Ask: Pwy oedd biau'r ...? and use the noun given and the correct **blaen** form, e.g. car/nhw — Pwy oedd biau'r car o'u blaen nhw?
(i) tŷ/chi   (ii) beic/fe   (iii) ci/hi   (iv) llyfr/ti

c) Ask: Pwy (sy) biau'r ... 'ma?
(i) money   (ii) apples   (iii) ice cream   (iv) coat   (v) shoes   (vi) £1 note

7 Rhag ofn / Rhag ofn na

a) Y links **rhag ofn** to the verb which follows it. cf. efallai y, prin y, gobeithio y. The negative of this **y** is **na** or **nad** (+ a vowel). **Na** is followed by an aspirate mutation to **p, t,** and **c** and a soft mutation to **b, d, g, ll, m** and **rh**, e.g.
efallai na fyddaf i yno
gobeithio na ddaw e
rhag ofn na chewch chi ddod
efallai na ddaeth e wedi'r cyfan
rhag ofn na welwch chi nhw
gobeithio na thorraist ti mo'r ffenestr
   Since **na** is a negative word **ddim** is not required after the verb.

b) Place **rhag ofn na** in front of the following and complete each sentence as you wish, e.g.
Fe allan nhw ddod ... — Rhag ofn na allan nhw ddod nos yfory fe ofynnaf i i John ddod i gwrdd â fi.
   (i) Fe gei di fynd ...
   (ii) Fe ddalian nhw'r trên ...
   (iii) Fe fydd digon o arian 'da fi ...
   (iv) Fe glywch chi oddi wrthof i ...
   (v) Fe benderfynan nhw ...
   (vi) Fe adawodd e'r drws ar agor ...
   (vii) Fe wnes i eich talu ...
   (viii) Mae bara yn y tŷ ...
   (ix) Fe fydd hi'n braf ...
   (x) Mae digon o le yn y sinema ...

c) Precede the following sentences with (i) **efallai na** (ii) **rhag ofn na,** and complete each sentence as you wish, e.g.
Fe gafodd e'r llythyr—
   (i) Efallai na chafodd e mo'r llythyr.
   (ii) Rhag ofn na chafodd e mo'r llythyr mae'n well i fi ei ffonio.

   (i) Fe welodd e ti.
   (ii) Fe gollon nhw'r trên.
   (iii) Fe ddôn nhw.
   (iv) Fe fydd llawer yno.
   (v) Fe adewais i'r drws ar agor.
   (vi) Fe fydd hi'n wlyb.

8 Ordinals (i.e. first, second, etc.)

a) Ordinals are based on the traditional forms of counting.

1st — 10th	Masculine Forms	Feminine Forms
1st	cyntaf	
2nd	ail	
3rd	trydydd	trydedd
4th	pedwerydd	pedwaredd
5th	pumed	
6th	chweched	
7th	seithfed	
8th	wythfed	
9th	nawfed	
10th	degfed	

b) **Cyntaf** comes after the noun and it changes to **gyntaf** if the noun is singular feminine, e.g. y dyn cyntaf, y fenyw gyntaf, yr wythnosau cyntaf.

c) The other ordinals come before the noun, e.g. yr ail ddyn, y trydydd llyfr, y drydedd ferch, y pedwerydd tŷ, y bedwaredd bennod.
Ail always causes a soft mutation; feminine ordinals (i.e. **trydedd** and **pedwaredd**) become **drydedd** and **bedwaredd** after y('r) — *the*. Note also that feminine nouns which follow ordinals also undergo a soft mutation, e.g.
y bedwaredd wers — the 4th lesson
y ddegfed ganrif — the 10th century
y ddeunawfed bennod— the 18th chapter

d) Answer the following questions in complete sentences:

Pa fis o'r flwyddyn ydy? 1 Ebrill 2 Medi 3 Gorffennaf	Pryd mae? Dydd Gŵyl Dewi	Ble maen nhw'n byw? Tom Dic Harri
(i)	(ii)	(iii)

e) 11th — 31st
- 11th   unfed ar ddeg
- 12th   deuddegfed
- 13th   trydydd/trydedd ar ddeg
- 14th   pedwerydd/pedwaredd ar ddeg
- 15th   pymthegfed
- 16th   unfed ar bymtheg
- 17th   ail ar bymtheg
- 18th   deunawfed
- 19th   pedwerydd/pedwaredd ar bymtheg
- 20th   ugeinfed
- 21st   unfed ar hugain
- 22nd   ail ar hugain
- 23rd   trydydd/trydedd ar hugain
- 24th   pedwerydd/pedwaredd ar hugain
- 25th   pumed ar hugain
- 26th   chweched ar hugain
- 27th   seithfed ar hugain
- 28th   wythfed ar hugain
- 29th   nawfed ar hugain
- 30th   degfed ar hugain
- 31st   unfed ar ddeg ar hugain

f) The nouns come immediately after the first part of the ordinal, e.g.
y drydedd adnod ar hugain
yr ail bennod ar bymtheg
y bedwaredd ganrif ar bymtheg
y trydydd pennill ar ddeg
y pumed ar hugain o Dachwedd

Gwers 33 131

g) Talk about the following illustrations using ordinals.
(Note: **dosbarth** *(m)* — *class*)

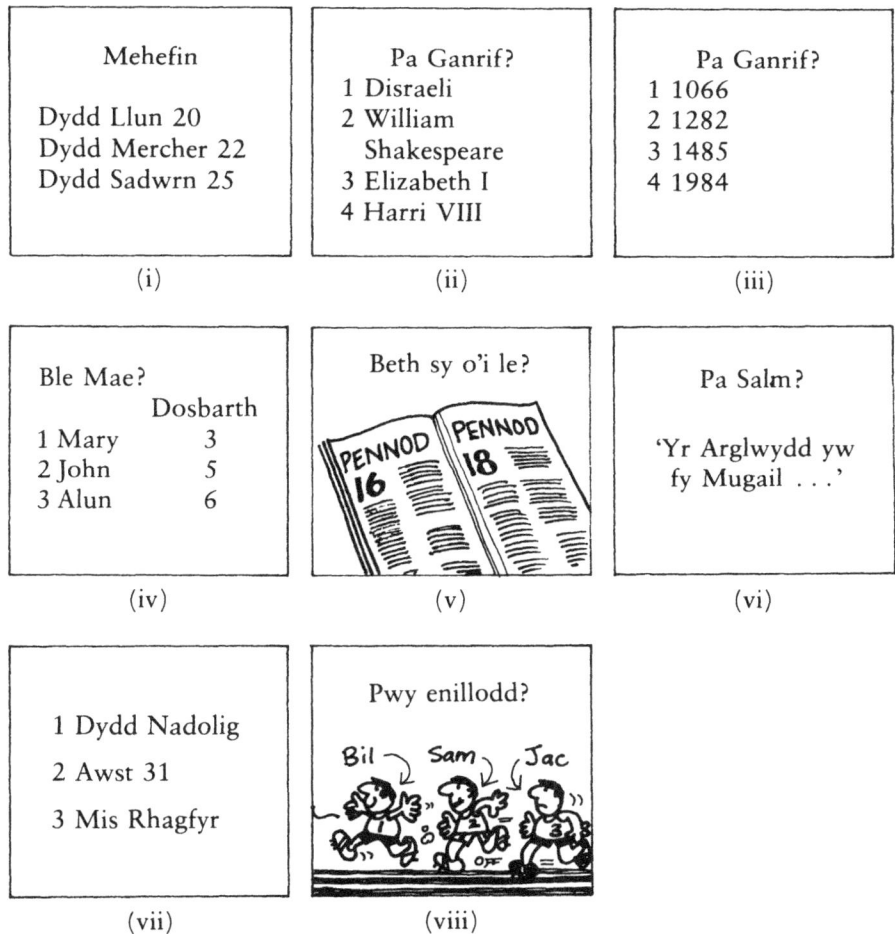

h) To convey the abbreviations *th, st, nd, rd* in Welsh take the final syllable of the ordinal, e.g.
unfed ar ddeg — 11eg
deuddegfed — 12fed
unfed ar hugain — 21ain
cyntaf — 1af
trydydd — 3ydd
Abbreviate the ordinals between 1.—31 to 1af., 2ail., 3ydd., etc.

i) When do members of your (i) family, (ii) class, have their birthdays?
Remember that dates are masculine (since **dydd** is a masculine noun).

Gwers 33

9 Dywedwch yn Gymraeg:

(i) There are a considerable number of Welsh courses available in Wales.
(ii) How much time will it take for us to reach the castle?
(iii) I wrote to them on the tenth of May, but I haven't received a reply up till now.
(iv) I'm surprised at you! (*fam.*)
(v) I got that *from them!* (*emphasize*)
(vi) Could you (*fam.*) run after her and ask her to wait for me?
(vii) Does *he* own this new car? (*emphasize*)
(viii) She told us that *she* owned this book! (*emphasize*)
(ix) In case I shan't see you (*pl.*) before you leave, remember to send me a card.
(x) Perhaps they won't come after all!
(xi) They will be coming on the twenty first of July.
(xii) Have they finished the third chapter yet?
(xii) I will be able to come during the third week in August.
(xiv) Would you (*fam.*) have liked to have lived in the seventeenth century?
(xv) She is in the middle of learning the fourth verse (*of a psalm*).

Gwers 34 Cwyno ac Ymddiheuro —
Complaining and Apologising

Gwrandewch:

A Fechgyn, tybed a fyddai gwahaniaeth gynnoch chi beidio chwarae pêl droed o flaen y tŷ? Mae'r babi yn trio cysgu. Diolch yn fawr iawn i chi.

Boys, I wonder whether you'd mind not playing football in front of the house? The baby is trying to sleep. Thank you very much.

*

B Rydw i wedi dweud wrthot ti lawer gwaith o'r blaen, Mair, am beidio torri ar fy nhraws i pan fyddaf i'n siarad ar y ffôn, os gweli di'n dda. Dyna ferch dda!

I've told you many times before, Mair, not to interrupt me when I'm talking on the 'phone, please. There's a good girl!

*

C Llais 1: Damo! oedd rhaid i chi sarnu eich cwrw drostof i i gyd?
Llais 2: Gan bwyll! Does dim eisiau i chi godi eich llais. Mae hi yn flin 'da fi.
Llais 1: A minnau! Edrychwch ar fy siwt i!
Llais 2: Petaech chi ddim yn rhwystro pawb arall rhag mynd at y bar fyddwn i ddim wedi gorfod ymestyn, fyddwn i?

Voice 1: Damn it, did you have to spill your beer all over me?
Voice 2: Take it easy! There's no need for you to raise your voice. I am sorry!
Voice 1: So am I/and I! Look at my suit!
Voice 2: If you did not prevent everyone else from going to the bar I wouldn't have had to stretch, would I?

*

D Mae yn flin 'da fi eich trafferthu ond allech chi symud eich car ychydig bach, os gwelwch yn dda?

I am sorry to bother you but could you move your car a little bit, please?

*

E (yn y Swyddfa)
Llais 1: Gobeithio nad oes ots 'da chi fy mod i'n sôn am y peth ond . . . rydw i'n credu bod arnoch chi bythefnos o arian coffi i fi.
Llais 2: Rydw i'n mynd yn hen. Mae fy nghof i fel rhidyll, rydw i'n dweud wrthoch chi. Mi wnaf i'n siŵr na ddigwyddiff e fyth eto!

Voice 1: I hope that you don't mind that I mention the matter (*lit.* thing) but . . . I think (*lit.* believe) that you owe me a fortnight's coffee money.
Voice 2: I'm getting old. My memory is like a sieve, I'm telling you. I will make sure that it will never happen again!

Gwers 34

1 Geirfa

a)

bar (*m*)	—	bar
cwyno	—	to complain
damo	—	damn
drostof i	—	over me
eisiau i chi	—	need for you to
fyddwn i?	—	would I?
gan bwyll	—	steady (on)
gorfod	—	to have to
gwahaniaeth	—	*lit.* difference
llais (lleisiau) (*m*)	—	voice
llawer gwaith	—	many times/occasions
minnau/finnau	—	(and) I
mynd yn hen	—	to get old
peth-au (*m*)	—	matter (*lit.* thing)
pythefnos (*m/f*)	—	fortnight
rhidyll (*f*)	—	sieve
rhwystro rhag	—	to prevent from
sarnu	—	to spill
sôn	—	to mention (*stem:* soni—)
torri ar draws	—	to interrupt
trafferthu	—	to trouble
ychydig bach	—	a little (bit)
ymddiheuro	—	to apologise
ymestyn	—	to stretch (*stem:* ymestynn—)

b) **Fyddwn i?** — *Would I?* (see **L27, N8a**)

c) **Gan bwyll!** is a very useful idiom conveying *Steady! Take it easy! Slowly!* cf. **Araf deg!** (N.W.)

d) a fyddai gwahaniaeth 'da chi ...? cf. A fyddai ots 'da chi ...? (see **L23, N1c**)

e) mynd yn hen — *getting old* cf. mynd yn dew — *getting fat*.

f) rhwystro rhag — *to prevent from* cf. dianc rhag — *to escape from* (people), e.g. Sut llwyddodd y lleidr i ddianc rhag yr heddlu?

g) pan fyddaf i'n siarad (see **L29, N5a**)

h) gallwn i fod wedi cf. fe ddylwn i fod wedi — I ought to have (**p. 173, Ne**)

i) arnoch chi ... arian coffi (**p. 49, N5b** and see also **Atodiad 5**)

j) ychydig bach or tipyn bach.

2 Rydw i'n gorfod — I have to

a) **Gorfod** and **rhaid** are different since **gorfod** suggests an element of compulsion, i.e. I'm being forced to ... e.g.
Rydw i'n gorfod mynd i'r capel — mae 'mam yn dweud!
Ydych chi'n gorfod mynd i rywle heddiw?
Pam rwyt ti'n gorfod aros i mewn?

b) A motorist has to observe the highway code. Look at the following illustrations and complete the sentence:
Rydych chi'n gorfod ...
Add details, e.g.
Rydych chi'n gorfod troi i'r dde wrth y tafarn.

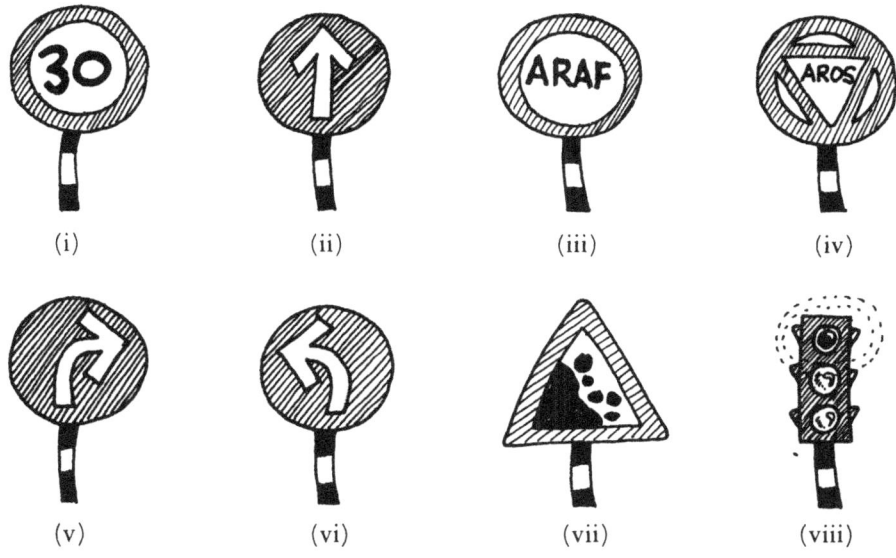

(i)   (ii)   (iii)   (iv)

(v)   (vi)   (vii)   (viii)

c) Make a list of the things that people are compelled to do by law, e.g.
Rydych chi'n gorfod cael trwydded (*licence*) i briodi!
Mae plant yn gorfod mynd i'r ysgol.

3 torri ar fy nhraws i — to interrupt me

a) **Torri ar draws** — *to interrupt* can change in two ways. **Torri** can form endings like **fe dorrais i**, etc. and a suitable pronoun can come between **ar** and **traws**, and the appropriate mutation will occur to **traws**, e.g.
torri ar ei draws e — to interrupt him
torri ar ei thraws hi — to interrupt her
torri ar ein traws ni — to interrupt us
What are the other forms?

Gwers 34

b) Complete the sentence: Doeddwn i ddim yn hoffi torri ar ... with the appropriate **traws** form of the clue given.
(i) nhw (ii) chi (iii) ti (iv) hi (v) John

c) **Dod ar draws** can mean *to come across* in the sense of *to meet* or *to bump into* or *to find*, e.g.
Ble daethoch chi ar draws y ci 'ma?
Fe ddes i ar ei draws e wrth gerdded 'nôl o'r ysgol.

4 drostof i — over me

a) Here are the **dros** — *over* forms:

drostof i	— over me
drostot ti	— over you
drosto fe/fo	— over him
drosti hi	— over her
droston ni	— over us
drostoch chi	— over you
drostyn nhw	— over them

Beth ddaeth drostyn nhw? — What came over them?

When linked with **mynd** — *to go*, **dros** expresses *on behalf of*, e.g. Cer drostof i i'r siop, wnei di?

b) Complete: 'Beth ddaeth _____?' by changing the following sentences to incorporate **dros** forms, e.g.
Beth sy'n bod arno fe! — Beth ddaeth drosto fe?
  (i) Beth sy'n bod arnyn nhw?
  (ii) Beth sy'n bod ar John?
  (iii) Beth sy'n bod arni hi?
  (iv) Beth sy'n bod arnoch chi?
  (v) Beth sy'n bod arnat ti?
  (vi) Beth sy'n bod arnon ni?
  (vii) Beth sy'n bod arnaf i?

5 Does dim eisiau i chi — There's no need for you

a) **Mae eisiau** conveys *there is a need to* (**p. 74**). To express who *needs to do* something the preposition **i** links **eisiau** with the person and the verb-noun that follows undergoes a soft mutation, e.g.
Oes eisiau i ni benderfynu nawr?
Oedd eisiau i ti ddweud wrth 'mam?
Does dim eisiau i chi drafferthu!

b) Using **eisiau i** forms respond in any way you like to the following sentences but keep to the tense of the original verb, e.g.
Fe fyddaf i'n dal trên. — Fe fydd eisiau i fi brynu tocyn.
   (i) Maen nhw'n mynd ar eu gwyliau.
  (ii) Rydw i eisiau dysgu nofio.
 (iii) Mae llestri Mrs. Jones yn frwnt.
 (iv) Roedd ein tŷ ni'n rhy fach.
  (v) Fe fydd e'n mynd i'r coleg.
 (vi) Roeddech chi'n hwyr yn y gwaith.
(vii) Fe fyddwn i'n hoffi siarad Ffrangeg (*French*).

6 Surprise, Annoyance, Anger

a) The following expressions can convey your surprise or your annoyance. The nearest English equivalent is given:

Myn brain i!	— Stone the crows!
Y nefoedd fawr!	— Heavens above!
Ar f'enaid i!	— Upon my soul!
Cato pawb! Bobl bach!	— Goodness gracious!
Arglwydd mawr!	— Good Lord!
Diolch byth!	— Thank heavens!

b) The following exclamations are not so mild in tone:
Diawl! / Myn diawl i! — Devil / Hell!
Uffern! / Myn uffern i! Uffern dân! — Hell!
Drato / Damo! Damia! — Damn!
Learn:
Beth uffern / ddiawl rwyt ti'n ei wneud? — What the hell are you doing?
Pam uffern / ddiawl na ddest ti? — Why the hell didn't you come?

c) *I am angry!* can be conveyed in two different ways:
    Rydw i'n grac! (S.W.)
    Rydw i'n flin! (N.W.)
Beth sy'n eich gwneud chi'n grac / yn flin? Make a list of the things that make you angry and tell your partner about them!

7 Na(d)

a) The negative form of **y** — *that* (**p. 185**) and the linking **y** that follows words like **prin, efallai, gobeithio, rhag ofn**, is **na** (or **nad** when preceding a vowel) (**L33, N7a**). Remember that **na** causes a soft and an aspirate mutation, e.g.
Mae'n flin 'da fi na chawsoch chi docyn i'r gêm.
Ddywedon nhw ddim na fydden nhw'n gallu dod.
Efallai na chlywodd hi'r newyddion!
Gobeithio nad oes ots 'da chi!

b) Change the y in the following sentences into the negative and mutate accordingly, e.g.
Rhag ofn y gwelaf i chi. — Rhag ofn na welaf i monoch chi.
- (i) Rhag ofn y daw'r trên.
- (ii) Fe glywais i y bydd Dafydd yno.
- (iii) Gobeithio y dôn nhw heno.
- (iv) Efallai y cyrhaeddiff e ar ei ben ei hun.
- (v) Fe ddywedaist ti y gallet ti ddod.
- (vi) Fe ddywedoch chi y celwn i fynd.
- (vii) Roedd y plant yn gobeithio y byddai hi'n bwrw glaw.

8 Cyfieithwch:
- (i) What's preventing you (*pl.*) from coming for a fortnight?
- (ii) We've been there many times before.
- (iii) Steady! Must you (*fam.*) go so quickly?
- (iv) Why the hell must she always interrupt me when I'm cooking?
- (v) What the hell came over him?
- (vi) Go and fetch a loaf on my behalf, will you (*fam.*)?
- (vii) There won't be any need for them to do anything.
- (viii) Thank heavens, there was no need for me to talk to her.
- (ix) I'm sorry that I can't come but I have to look after my brother.
- (x) Perhaps they weren't there!
- (xi) (I) hope that he didn't have trouble to find the house.
- (xii) Why were you angry?
- (xiii) Who has spilt milk on the kitchen floor?
- (xiv) I'm sorry to trouble you (*pl.*) but could you tell me where I could buy cigarettes?
- (xv) What's wrong with his voice? Has he got a cold?

Gwers 35 Diddordebau — Interests

Gwrandewch:

A (i) Pwy sy â'r albwm stampiau 'ma sy ar y bwrdd?
(ii) Mae (ein) John ni newydd ddechrau casglu stampiau. Wnaiff ei ddiddordeb bara, wn i ddim. Fe gawn ni weld!

(i) Whose is this stamp album which is on the table?
(ii) Our John has just started to collect stamps. Will his interest last, I don't know. We shall see!

*

B Does fawr o ddiddordeb 'da fi mewn rygbi a phêl droed. Mae'n well 'da fi gemau llai corfforol fel tenis bwrdd a gwyddbwyll.

I haven't got much interest in rugby and football. I prefer less physical games like table tennis and chess.

*

C (i) Mi hoffwn i petawn i'n gallu gwau a gwnio fel chi.
(ii) Onibai am fy mam fyddwn i byth wedi dysgu sut i wnio a gwau. Hebddi hi fyddwn i ddim wedi dechrau gwneud fy nillad fy hun.

(i) I wish I could knit and sew like you.
(ii) Were it not for my mother I would never have learnt how to knit and sew. Without her I wouldn't have started making my own clothes.

*

D (i) Gobeithio y gwelliff y tywydd cyn bo hir. Mae eisiau palu'r ardd arnaf i yn druenus ar gyfer plannu tatws cynnar.
(ii) Dywedodd y meddyg wrthof i am roi'r gorau i arddio oherwydd fy nghefn tost. Esgus da!

(i) (I) hope that the weather will improve before long. I need to dig the garden badly (*lit.* pitifully) ready for planting early potatoes.
(ii) The doctor told me to give gardening up because of my bad back. A good excuse!

*

E (i) Mae (ein) John ni ma's bron bob nos naill ai'n chwarae rygbi neu'n ymarfer neu'n loncian.
(ii) Mae (ein) Trefor ni yn gymwys yr un peth / union yr un fath! Ac erbyn nos Sadwrn mae e naill ai'n rhy flinedig neu wedi ei anafu ei hunan.
(i) Wrth gwrs, erbyn nos Sul maen nhw'n ddigon da i daro i mewn i'r clwb, hebddon ni, wrth gwrs!

(ii) Dynion! Ond dyna ni! Beth wnelen ni, fenywod, hebddyn nhw?
(i) Hoffwn i ddim dweud!

(i) Our John is out almost every night either playing rugby or practising/training or jogging.
(ii) Our Trefor is exactly the same! And by Saturday night he's either too tired or (he has) injured himself.
(i) Of course, by Sunday night they are good enough to drop in to the club—without us, of course!
(ii) Men! But there we are! What would we, women, do without them?
(i) I wouldn't like to say!

* * * * *

1 Geirfa

a)
â	— *see Note 2*
albwm (*m*)	— album
anafu	— to injure
blinedig	— tired
casglu	— to collect
corfforol	— physical
esgus-odion (*m*)	— excuse
gwau	— to knit
gwella	— to improve
gwnio	— to sew
gwyddbwyll (*m*)	— chess
hebddi hi	— without her
hebddon ni	— without us
hebddyn nhw	— without them
loncian	— to jog
naill ai ... neu ...	— either ... or ...
oherwydd	— because
onibai am	— were it not for
palu	— to dig
para	— to last, to continue
pêl droed (*m*)	— football, soccer
plannu	— to plant
stamp-iau (*m*)	— stamp
taro i mewn	— to drop in
tenis bwrdd (*m*)	— table tennis
truenus	— pitiful
ymarfer	— to practise, to train
yn gymwys / yn union	— exactly
yr un fath / peth	— the same kind/type

b) Does fawr o ddiddordeb 'da fi ... conveys the same idea as:
Does dim llawer o ddiddordeb 'da fi ...

c) **Para** can convey *to last* and *to continue*. The preposition **i** is used to link it to the verb-noun which might follow, e.g.
Wyt ti'n para i fynd i'r dosbarth nos? (cf. yn dal i ...)
On'd ydy'r esgidiau 'ma'n para'n dda!
Wnaiff ei ddiddordeb bara!
(Note the use of **gwneud** in this pattern **L23, N7a**.)

2 Pwy sy â ...

a) **Pwy sy â** ... conveys two things. It means *Who owns ...?* when the object is definite, e.g.
Pwy sy â hwn? — Whose is this? / Who owns this?
Pwy sy â'r bag 'ma? — Whose bag is this? / Who owns this bag?
(cf. Bag pwy ydy hwn? **L23, N3a**)

If the object is indefinite it means, *Who has ...?* e.g.
Pwy sy â Rolls Royce?   — Who has a Rolls Royce?
Pwy sy â phensil?   — Who has a pencil?
Pwy sy ag arian?   — Who has money?
(Note that **â** is followed by an aspirate mutation and that **â** becomes **ag** when followed by a vowel.)

b) Place the following words after **Pwy sy â** ... and complete each sentence as you wish, e.g.
hwn   — Pwy sy â hwn ar y bwrdd?
diddordeb   — Pwy sy â diddordeb mewn pêl droed?
(i) y car coch 'na (ii) stamp (iii) honna (iv) yr arian 'ma
(v) amser (vi) papur

3 Fe gawn ni weld ... We shall see ...

a) Note how the future form of **cael** (**p. 193**) and the verb-noun **gweld** is used to convey an air of expectancy, e.g.
Fe gei di weld! — You shall/will see!
Fe gaiff hi weld pan aiff hi allan! — She shall/will see when she'll go out!

b) Use a suitable form of the above pattern in response to these sentences, e.g.
Fydd digon o amser 'da ti i alw? —
Fe gaf i weld sut bydd pethau.
　(i) Fydd digon o le i ni yn y theatr?
　(ii) Pwy enilliff ddydd Sadwrn?
　(iii) Gaf i fynd i'r ddawns nos Sadwrn?
　(iv) Dydy Jane ddim eisiau mynd i'r ysgol yfory!

4 Onibai am fy mam ...

a) The expression to convey *were it not for* is **onibai am**, e.g.
Onibai am y glaw ...
Onibai am y pris ...
Onibai amdanyn nhw ...
The noun undergoes a soft mutation if it follows **am** directly, e.g.
Onibai am blant John ...

b) Look at the following illustrations and start each sentence with **Onibai am** ... and complete as you wish, e.g.

 Onibai am y glaw fe elwn i ma's am dro.

(i)

(ii)

(iii)

(iv)

5 Sut i wnio a gwau ... — How to ...

a) You will observe that **i** links **sut** with the verb-noun (which undergoes a soft mutation), e.g.
Wyt ti'n gwybod sut i yrru car?
Dydw i ddim yn gwybod sut i ddweud hynny yn Gymraeg.

b) Place the following after the question: **Wyt ti'n gwybod sut i ...?** and complete, if necessary.
(i) trwsio car (ii) gwnio (iii) chwarae (iv) mynd i (v) hwylio

c) State: **Fe ddysgais i sut i ...** and elaborate on your statement(s), e.g.
gyrru, nofio, gwnio, gwau, gwneud gwin, coginio, trwsio car, chwarae golff

6 Heb forms

a) Learn these **heb** forms:

hebddof i	— without me
hebddot ti	— without you
hebddo fe/fo	— without him
hebddi hi	— without her
hebddon ni	— without us
hebddoch chi	— without you
hebddyn nhw	— without them

You will note that the endings correspond to **dros, o, wrth** and **yn** forms.

b) Complete the question: **Pam est ti . . . ?** with the appropriate **heb** form:
(i) ni   (ii) nhw   (iii) hi   (iv) fe   (v) fi

7 Dywedodd y meddyg ... am roi'r gorau i ...

a) Whereas *to* follows *to tell* in English, note that **am** follows **dweud** — *to tell* in Welsh. The preposition **am** is followed by a soft mutation, e.g.
Fe ddywedaist ti wrthof i am fynd. — You told me to go.
Fe ddywedodd hi wrtho fe am gau'r drws. — She told him to close the door.
Fe ddywedais i wrthyn nhw am beidio galw. — I told them not to call.
Don't forget the **wrth** form after **dweud**!

b) 'Beth ddywedodd y meddyg wrthot ti?'
Base your answers on the following illustrations.

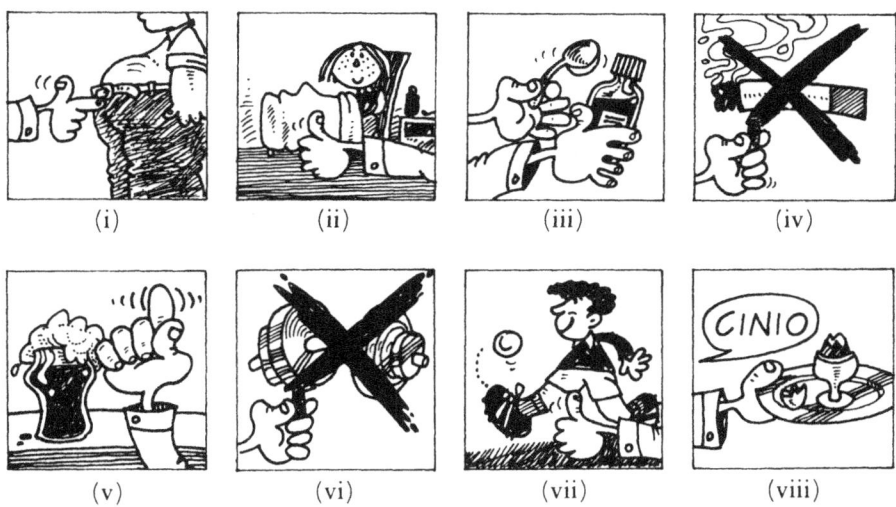

c) Beth ddywedodd y plismon/deintydd/yr athro Cymraeg/wrthoch chi?

8 Naill ai ... neu ... — either ... or ...

a) Study these examples:
Mae'r trên naill ai'n hwyr neu wedi mynd!
Fe fyddwn ni'n mynd naill ai ar y bws neu yn y car.
Fe fydd naill ai Jane neu John yn y tŷ.
Roedd naill ai John neu ei chwaer i fod yno!
Fe fyddaf i naill ai'n edrych ar y teledu neu'n darllen.
Fe hoffwn i naill ai dysgu Ffrangeg neu ddysgu Sbaeneg.

   A noun or verb-noun which follows **neu** directly undergoes a soft mutation, e.g. Fe brynaf i naill ai trwser neu grys.

b) Using **naill ai ... neu ...** answer each question with the information given, e.g.
I ble hoffet ti fynd? (sinema/traeth) — Fe hoffwn i fynd naill i'r sinema neu i'r traeth.
   (i) Beth hoffech chi ei wneud? (aros yn y tŷ/mynd am dro)
   (ii) Ble byddan nhw? (yr ardd/cae pêl droed)
   (iii) Beth sy ar y teledu? (ffilm/rhaglen chwaraeon)
   (iv) Pryd maen nhw'n mynd? (10.00/12.30)
   (v) Beth brynodd e i'w wraig? (sgert/bag llaw)

c) Use **naill ai ... neu ...** pattern in response to your friend's question:
Beth wnei di heno/yfory/dros y Sul?
e.g. Fe af i naill ai i weld gêm neu i siopa gyda'r wraig.
   Naill ai fe olchaf i'r car neu fe balaf i'r ardd.

9 Cyfieithwch:

   (i) Who has an interest in chess? (i.e. Who is interested in chess?)
   (ii) I have hardly any interest in football.
   (iii) She is continuing to improve after being ill for a long time.
   (iv) Her mother is hoping that her daughter's interest in sewing will be continuing.
   (v) She'll see whether she's good enough or not!
   (vi) Were it not for me you (*fam.*) wouldn't be allowed to go on your own.
   (vii) We would have enjoyed ourselves were it not for the heavy rain.
   (viii) Don't (*pl.*) go without us!
   (ix) I don't think that they'll go without you (*fam.*) so don't worry!
   (x) I have told him before to be careful.
   (xi) She didn't tell me to telephone.
   (xii) If I won't be in the house when you will call I shall be either in the garden or next door.
   (xiii) I'd like to have been either a doctor or a teacher.
   (xiv) Either I'll dig the garden or repair the car.
   (xv) I'm glad that I have learnt Welsh.

Atodiadau / Appendices

Atodiad 1 / Appendix 1

In the North Wales dialect the verb **ddaru** is used to express the past tense. I forms follow **ddaru** (or **mi ddaru**) followed by a soft mutated verb noun, e.g.

    (Mi) ddaru i mi ddod   — I did come
    (Mi) ddaru iddo fo ddweud   — He did say
    (Mi) ddaru i ni glywed   — We did hear

Unlike the **gwneud** form which demands that **gwneud** changes to: fe wnes i, fe wnaeth e, etc. (**mi**) **ddaru** remains unchanged and only the **i** forms change to convey person, e.g.

    fe wnes i ddweud   — (mi) ddaru i mi ddweud
    fe wnaethon nhw golli   — (mi) ddaru iddyn nhw golli

A corrupted form of **ddaru** form is to leave out the **i** element and keep the supporting pronoun (**fi, ti, o, hi,** etc.) only, e.g.

    (mi) ddaru fi ddweud

Atodiad 2 / Appendix 2

The North Walian short *would* forms of **gwneud, cael, mynd, dod,** differ from the South Walian forms in that, basically, they don't contain the —**el**— element as in **gwnelwn i, celen ni,** etc.

gwneud	cael
gwnawn i	cawn i
gwnait ti	cait ti
gwnâi o/hi	câi o/hi
gwnaen ni	caen ni
gwnaech chi	caech chi
gwnaen nhw	caen nhw

mynd	dod
awn i	down i
ait ti	deuit ti
âi o/hi	deuai o/hi
aen ni	deuen ni
aech chi	deuech chi
aen nhw	deuen nhw

Atodiad 3 / Appendix 3

You have seen examples in the course of prepositions being conjugated by placing a pronoun between their two elements, e.g.

    ar draws   —   ar fy nhraws i
    ar ôl   —   ar ei hôl hi
    o flaen   —   o'n blaen ni
    yn erbyn   —   yn dy erbyn di

Other prepositions in this category are:

(i) **ar bwys** (S.W.) — by, near, adjacent; (**bwys** comes from **pwys**), e.g.
    ar fy mhwys i   —   by me
    ar dy bwys di   —   near you
    Dere i eistedd ar fy mhwys i.   —   Come and sit by me.

(ii) **ar gyfer** — to prepare for, ready for; (**gyfer** comes from **cyfer**), e.g.
    ar ein cyfer ni — for us
    ar ei chyfer hi — for her
    Ydy'r ystafell yn barod ar eu cyfer nhw? —
    Is the room ready for them?
    Maen nhw'n codi arian ar gyfer yr Eisteddfod. —
    They are raising money for the Eisteddfod.

(iii) **er mwyn** — for the sake of, e.g.
    er dy fwyn di   —   for your sake
    er ei mwyn hi   —   for her sake
    Fe wnes i bopeth er eu mwyn nhw. —
    I did everything for their sake.
    Mae'n bwysig, er dy fwyn dy hunan, dy fod ti'n gweithio'n galed yn yr ysgol. —
    It's important, for your own sake, that you work hard in school.

(iv) **o gwmpas** — around; (**gwmpas** is from **cwmpas**), e.g.
    o dy gwmpas di   —   around you
    o'i chwmpas hi   —   around her
    Roedd llawer o bobl o'n cwmpas ni. —
    There were many people around us.

(v) **uwchben** — above; (from **uwch** + **pen**), e.g.
    uwch fy mhen — above me
    uwch eu pennau — above them
    Pwy sy'n byw uwch eich pen? — Who lives above you?

(vi) **wrth ochr** — beside, e.g.
    Wrth ei hochr hi — by her side
    Wrth eich ochr chi — beside you
    Oes rhywun yn eistedd wrth dy ochr di? —
    Is there someone sitting beside you?

(vii) **ymysg** — amidst / amongst (from **yn** + **mysg**), e.g.
yn ein mysg ni — amongst us
yn eich mysg chi — amongst you
yn eu mysg nhw — amongst them
Maen nhw wedi bod yn byw yn ein mysg ni ers blwyddyn. —
They've been living amongst us for a year.

(viii) **yn lle** — instead of, e.g.
yn dy le di — instead of you
yn ei le fe — instead of him
Pwy sy'n dod yn eu lle nhw? — Whose coming instead of them?

(ix) **yn ymyl** — near, adjacent, e.g.
yn ein hymyl ni — near us
yn fy ymyl i — near me
Ydych chi'n byw yn eu hymyl nhw? — Do you live near them?

Atodiad 4 / Appendix 4

Learn the conjugated forms of the following prepositions which haven't been used in the course:

(i) **drwy**	—	through	
drwyddof i	—	through	me
drwyddot ti	—	,,	you
drwyddo fe/fo	—	,,	him
drwyddi hi	—	,,	her
drwyddon ni	—	,,	us
drwyddoch chi	—	,,	you
drwyddyn nhw	—	,,	them
(ii) **rhwng**	—	between	
rhyngof i	—	between	me
rhyngot ti	—	,,	you
rhyngddo fe/fo	—	,,	him
rhyngddi hi	—	,,	her
rhyngon ni	—	,,	us
rhyngoch chi	—	,,	you
rhyngddyn nhw	—	,,	them
(iii) **dan**	—	under	
danaf i	—	under	me
danat ti	—	,,	you
dano fe/fo	—	,,	him
dani hi	—	,,	her
danon ni	—	,,	us
danoch chi	—	,,	you
danyn nhw	—	,,	them

Atodiad 5 / Appendix 5

To convey *debt* or that someone *owes* something the preposition **ar** is used. What is owed follows the **ar** form and undergoes a soft mutation, e.g.

Mae arnaf i ddeg punt i chi — I owe you ten pounds.
Oes arnoch chi arian iddo fe? — Do you owe him money?
Roedd arni hi bunt i ti, on'd oedd e? — She owed you a pound, didn't she?
Does arnaf i ddim byd i neb. — I don't owe anyone anything.
Faint sy arnyn nhw i ni? — How much do they owe us?
Faint oedd arnat ti? — How much did you owe?

Atebion
Key to the Exercises

Gwers 21

2b (i) Cystal iddyn nhw ...   (ii) Cystal iddi hi ...
    (iii) Cystal i ni ...   (iv) Cystal i chi ...
    (v) Cystal i ti ...

3c (i) Fe gafodd John Kennedy ei saethu gan Lee Oswald.
    (ii) Fe gafodd y bachgen ei gosbi gan y prifathro.
    (iii) Fe gafodd y ffilm ei chynhyrchu gan John Ford.
    (iv) Fe gafodd y dynion eu restio gan yr heddlu.
    (v) Fe gafodd y llyfr ei ysgrifennu gan Shakespeare.

3d (i)—(v), e.g.
    (i) Pryd cafodd John F. Kennedy ...

4b (i) Saethwyd John F. Kennedy gan Lee Oswald.
    (ii) Cosbwyd y bachgen gan y prifathro.
    (iii) Cynhyrchwyd y ffilm gan John Ford.
    (iv) Restiwyd y dynion gan yr heddlu.
    (v) Ysgrifennwyd y llyfr gan Shakespeare.

4c (i) Daliwyd y lladron gan yr heddlu.
    (ii) Prynwyd y tŷ teras am naw mil o bunnau.
    (iii) Ysgrifennwyd y llyfr gan Daniel Owen.
    (iv) Trwsiwyd y car am hanner can punt.
    (v) Claddwyd Mr. Jones y llynedd.
    (vi) Cosbwyd y plentyn am ddwyn afalau.

5b (i) Chwaer i Iorwerth ydy hi, yntê?
    (ii) Athrawes oedd hi, yntefe?   yntê (N.W.) = yntefe (S.W.)
    (iii) Fi ddylai dalu, yntê?
    (iv) Ti ddylai olchi llestri, yntefe?
    (v) Ffliw sy arnoch chi, yntê?

6e (i) Faint hoffen nhw eu prynu?
    (ii) Pwy hoffai fe ei weld?
    (iii) Beth hoffai'r fenyw ei ddweud?
    (iv) Pryd hoffech chi ein gweld ni?
    (v) Pam hoffai'r plant gael cig?

7b (i) Cyn i chi fynd ...
    (ii) Ar ôl iddyn nhw brynu ...
    (iii) Wedi i fi weld ...
    (iv) Ers i ni fod ...

(v) Erbyn i ti ddod ...
(vi) Wrth i Siân yrru ...
(vii) Tan i'r plant orffen ...
(viii) Er iddi hi hoffi ...

7c (i) Er (ii) wrth (iii) tan (iv) erbyn (v) ers (vi) ar ôl
(vii) cyn

8b (i) on'd oes e? (ii) oes e?
(iii) yntê / yntefe? (iv) yntê / yntefe?
(v) on'd oes e? (vi) oes e?

9b (i) gan eu bod nhw (ii) gan ein bod ni
(iii) gan ei fod e (iv) gan ei bod hi
(v) gan dy fod ti

9c (i) Gan ei bod hi mor braf ...
(ii) Gan dy fod ti mor dost / sâl ...
(iii) Gan fod Mrs. Jones mor hen ...
(iv) Gan ein bod ni mor dwym / boeth ...
(v) Gan eich bod chi mor ifanc ...
(vi) Gan eu bod nhw mor gyfoethog ...
(vii) Gan ei bod hi mor oer allan ...

10b (i) o'i flaen e (ii) o dy flaen di
(iii) o'i blaen hi (iv) o'ch blaen chi
(v) o flaen John (vi) o'u blaen nhw

12 (i) Cystal iddi hi werthu'r bwthyn gan ei bod hi'n symud o'r ardal.
(ii) Pryd cynhyrchwyd y ffilm?
(iii) Ble cafodd y dyn ei gladdu?
(iv) Ganwyd fy nhad yn 1900.
(v) Hoffai hi ddim bod yn athrawes.
(vi) Beth hoffech chi ei wneud y prynhawn 'ma?
(vii) Welon ni mo'r teulu pan alwon ni dro'n ôl.
(viii) Cyn i ti fynd hoffet ti gael gwydraid o win?
(ix) Mae amgueddfa werin yn Sain Ffagan, on'd oes e?
(x) Hoffet ti fynd o fy mlaen i?

Gwers 22

2d (i) Fe allwn i ddod ... (ii) Fedren ni byth ddringo ...
(iii) Allet ti alw ...? (iv) Mi fedrech chi fenthyca ...
(v) Allai hi wneud ...?

2e (i) Na allwn (ii) Gallwn
(iii) Na allen (iv) Gallai
(v) Na allet

4b (i) fy hun   (ii) dy hun
(iii) ei hun   (iv) eich hunain
(v) ei hun

5b (i) Pryd cest ti dy eni? — Fe ges i fy ngeni yn 1936.
(ii) Pryd cawson nhw eu geni! — Fe gawson nhw eu geni yn 1910.
(iii) Pryd cawsoch chi eich geni? — Fe ges i fy ngeni yn 1955.
(iv) Pryd cafodd Mair ei geni? — Fe gafodd Mair/hi ei geni yn 1967.
(v) Pryd cafodd Rhys ei eni? — Fe gafodd Rhys/e ei eni yn 1973.

7b (i) wrtho   (ii) wrthyn   (iii) wrthof   (iv) wrthoch   (v) wrthi

8b (i) ... taw Siôn sy'n dod.
(ii) ... taw yn Lerpwl mae e'n byw nawr.
(iii) ... taw hi ydy'r gorau.
(iv) ... taw ei gi e ydy hwnna.
(v) ... taw corgi sy 'da nhw.
(vi) ... taw deg oed ydy Siân.
(vii) ... taw athro mae e eisiau bod.
(viii) ... taw ddydd Mawrth maen nhw'n dod.
(ix) ... taw o wydr mae e wedi cael ei wneud.
(x) ... taw am saith o'r gloch mae'r rhaglen ar y teledu.

9b (i) y record gyntaf   (ii) yr arwydd cyntaf
(iii) y llawlyfr cyntaf   (iv) y ferch gyntaf
(v) y perchennog cyntaf   (vi) y llythyr cyntaf
(vii) y lori gyntaf   (viii) yr ardd gyntaf
(ix) y rhyfel byd cyntaf   (x) y gêm gyntaf

11 (i) Cyn iddi hi farw dychwelodd i'w hardal enedigol.
(ii) Welech chi eisiau'r plant?
(iii) Hoffwn i ddim bod yn gyflwynydd ar y teledu.
(iv) Allet ti ddweud wrtho fe bod y rhaglen gyntaf heno.
(v) Hoffai hi ddim bod ar ei phen ei hun ar ynys bell.
(vi) Golcha'r llestri dy hunan!
(vii) Pryd caf i fy nhalu?
(viii) Fe gafodd e ei wneud yn frenin pan fu ei dad farw *or* pan fu farw ei dad.
(ix) Roedden nhw wedi cael eu gwneud o aur felly roedden nhw'n ddrud iawn.
(x) Does dim diddordeb 'da ni mewn pysgota; mae'n well 'da ni hwylio.
(xi) Esgusodwch fi os gwelwch yn dda, allech chi ddweud wrthof i ble mae'r amgueddfa?
(xii) Rydw i'n gwybod taw Neil Armstrong oedd y dyn cyntaf i gerdded ar y lleuad.

Gwers 23

2b (i) ... rhag ofn iddi hi fwrw glaw.
(ii) ... rhag ofn i fi golli'r trên.
(iii) ... rhag ofn iddo golli ei arian.
(iv) ... rhag ofn i'r heddlu dy ddal / stopio.

3b (i) Tŷ pwy ydy hwn? (ii) Llyfrau pwy ydy'r rhain?
(iii) Record pwy ydy hon? (iv) Tei pwy ydy hon?
(v) Teganau pwy ydy'r rhain? (vi) Cwpan pwy ydy hwn/hon?
(vii) Esgid pwy ydy hon? (viii) Esgidiau pwy ydy'r rhain?

Replies, e.g.: (i) Tŷ John ydy hwn.
(ii) Llyfrau'r ysgol ydy'r rhain.

4b (i) Beth ydy dewis ei brawd?
(ii) Beth ydy car newydd ein hewythr?
(iii) Beth ydy gwaith eich modryb?
(iv) Beth ydy diddordebau dy fab?
(v) Beth ydy hoff record eich cefnder?

5b (i)—(v) on'd oes (e)?

5c (i)—(v) Does dim ... oes e?

6b (i) wrthyn (ii) ynddo (iii) ynddyn (iv) wrthof (v) arno
(vi) ynddyn (vii) arnat (viii) ynddi

7b (i) Wnewch chi frysio?
(ii) Wnei di alw am John?
(iii) Wnei di fy mhriodi i?
(iv) Wnewch chi fy nghredu i?
(v) Wnei di ddychwelyd yn gynnar?
(vi) Wnewch chi roi'r bêl iddo fe?
(vii) Wnei di ddarllen yn dawel?
(viii) Wnewch chi werthu eich car i fi?
(Check **p. 164**)

8b (i) amdano (ii) amdanaf (iii) amdanyn (iv) amdani (v) amdani
(vi) amdanat (vii) amdanon (viii) amdanoch (ix) am
(x) amdanaf (xi) amdanyn (xii) amdanon

9b (i)—(vi) Beth am y ferch / y coffi / y llythyr / y deisen / y trwsus / y car?

(i) Rydw i ar fin ei ffonio.
(ii) Rydw i ar fin ei yfed.
(iii) Rydw i ar fin ei ysgrifennu.
(iv) Rydw i ar fin ei bwyta.
(v) Rydw i ar fin ei drwsio.
(vi) Rydw i ar fin ei olchi.

10b   (i) Fe ddaethon nhw i'n 'nôl ni / i'ch 'nôl chi am chwarter i ddau.
(ii) Fe es i i'w 'nôl nhw am ddau o'r gloch.
(iii) Maen nhw'n gallu dod i'ch 'nôl chi am chwarter wedi deuddeg.
(iv) Mae rhaid iddyn nhw fynd i'w 'nôl e am ugain munud i ddeg.
(v) Roedd rhaid i fi fynd i'w 'nôl hi am ugain munud wedi un ar ddeg.
(vi) Maen nhw'n dod i'n 'nôl ni am bum munud i dri.

12   (i) Hoffech chi gwpanaid o de?
(ii) Fydd ots 'da nhw os byddaf i'n hwyr?
(iii) Ers pryd rwyt ti'n briod? / Ers pryd rwyt ti wedi bod yn briod?
(iv) Ble priodon nhw?
(v) Ddylwn i wisgo fy nghot rhag ofn iddi hi fwrw glaw?
(vi) Llyfr pwy ydy hwn?
(vii) Rydw i'n meddwl taw llyfrau fy mrawd ydyn nhw.
(viii) Faint o ddŵr sydd ynddo fe?
(ix) Wnewch chi aros amdanaf i wrth swyddfa'r post?
(x) Brysia! Mae'r trên ar fin dod!
(xi) Os bydd hi'n gyfleus iddo fe bydd ffrind i fi'n mynd i'w 'nôl nhw o'r orsaf.
(xii) Er mwyn i fi gael llyfr newydd fe alwaf i yn y llyfrgell nos yfory ar fy ffordd adref o'r gwaith.
(xiii) Beth ydy gwaith eich gŵr?
(xiv) Does dim rhan dda 'da hi yn y ffilm, oes e?
(xv) Does dim tân yn y lolfa, oes e?

Gwers 24

2c   (i) Fe fu e'n cysgu mewn cadair.
(ii) Fe fues i'n edrych ar y teledu.
(iii) Fe fuon nhw'n golchi'r car.
(iv) Fe fues i'n chwarae.
(v) Fe fuon ni'n gweithio yn yr ardd.
(vi) Fe fu hi'n coginio.

2e (i) Fuest   (ii) Roeddwn   (iii) buon   (iv) Fuon   (v) fu   (vi) Fuon
(vii) roedd   (viii) Fuoch   (ix) fu   (x) Roedd

3b (i) gyda'n   (ii) gyda'ch   (iii) gyda'i   (iv) gyda'ch   (v) gyda'n
(vi) gyda'i

4b (i) â   (ii) Ddaeth   (iii) aethon   (iv) Ddest   (v) ddaw

5b   (i) Fe frysion ni . . . on'd do fe?
(ii) Adeiladodd . . . do fe?
(iii) Fuoch . . . do fe?
(iv) Chredaist ti . . . do fe?
(v) Fe gynhalion nhw . . . on'd do fe?

(vi) Alwaist ti ddim ... do fe?
  (vii) Weloch chi ... on'd do fe?
  (viii) Aeth hi ... do fe?

6b
  (i) Fe gynigiais i arian iddi hi.
  (ii) Fe ddangosodd Mair lyfr iddo fe.
  (iii) Fe estynnodd Siôn yr halen i John.
  (iv) Fe gynigiaf i arian iddyn nhw.
  (v) Fe ddiolchan nhw i chi am yr arian.
  (vi) Fe ddangosais i'r gwaith i'r dyn.

7b (i)—(v) newydd brynu / werthu / fynd / wneud / symud

7c (i)—(v) hen roi'r gorau i / baratoi / benderfynu / godi / fod

8b
  (i) I ba fanc aethon nhw?
  (ii) I ba siop aethoch chi?
  (iii) I ba goleg aeth hi?
  (iv) I ba lyfrgell est ti?
  (v) I ba ynys aeth e?
  (vi) I ba dafarn est ti?

9b
  (i) Roedd y trên bron gadael.
  (ii) Ydyn nhw bron dod?
  (iii) Ydy'r tatws bron berwi?
  (iv) Roedd hi bron medru agor y ffenestr.
  (v) Roedden ni bron prynu record newydd.
  (vi) Roedd y dyn yn y garej bron gorffen trwsio'r car.
  (vii) Ydy hi bron gwario ei harian i gyd?
  (viii) Roedd Mair bron colli'r bws.

10b
  (i) ... y rhyfel byd cyntaf?
  (ii) ... ti'r ail raglen?
  (iii) Ei briodas gyntaf ...
  (iv) ... eich ail ddewis?
  (v) ... y cyflwynydd cyntaf?
  (vi) ... ail gân.
  (vii) ... ei blwyddyn gyntaf ...
  (viii) ... ail filltir ...

12
  (i) Roedd yr hen wraig wedi bod yn wael ers iddi hi golli ei gŵr ddwy flynedd yn ôl.
  (ii) Bues i yno neithiwr ond welais i monot ti.
  (iii) Fuoch chi erioed i Iwerddon? — Do.
      or Ydych chi erioed wedi bod i Iwerddon? — Ydyn.
  (iv) Maen nhw'n dda gyda'i gilydd ond maen nhw'n wael ar eu pennau eu hunain.
  (v) Mair fach, fe fydd rhaid i ni fynd â'r plant i weld fy rhieni.
  (vi) Fwynheuon nhw mo'r cyngerdd, do fe?

(vii) Gaf i gynnig diod i chi?
(viii) Rydw i wedi clywed eu bod nhw newydd werthu eu tŷ.
(ix) I ba westy aethon nhw?
(x) Beth oedd enw hwnna wrth y drws?
(xi) Mae rhaid i fi fynd i'r gwely—rydw i bron cysgu!
(xii) Fe redon nhw'r ail filltir yn fwy cyflym / yn gyflymach na'r un gyntaf.
(xiii) Fe hoffen ni fynd yno gyda'n gilydd, os ydy hynny'n bosibl.
(xiv) Wnei di ddod ag arian o'r banc?
(xv) Fe gafodd hi ei magu yng Ngogledd Cymru, on'd do fe?

Gwers 25

2 (i) y ganrif ddiwethaf (ii) olygfa fendigedig (iii) fferm fach (iv) ardal boblog (v) gwlad fynyddig

4b (i) ambell i wisg (ii) ambell i gwpanaid o goffi / de (iii) ambell i fore braf (iv) ambell i raglen (v) ambell i wydraid o win (vi) ambell i noson (vii) ambell i lyfr (viii) ambell i wythnos

5b (i) Wn i ddim a oes gêm ddydd Sadwrn ai peidio.
(ii) Wn i ddim a ydyn ni'n gallu mynd ai peidio.
(iii) Wn i ddim a oedden nhw'n brin ai peidio.
(iv) Wn i ddim a fydd Rhys yno ai peidio.
(v) Wn i ddim a gaeodd hi'r drws ai peidio.
(vi) Wn i ddim a brynwn ni'r tŷ 'na ai peidio.
(vii) Wn i ddim a ddôn nhw yfory ai peidio.
(viii) Wn i ddim a allwn ni gael tocyn ai peidio.

7b (i) ar (ii) ar (iii) arnaf (iv) arnyn (v) arni (vi) arno (vii) arnat / arnaf (viii) arnyn (ix) arnoch

7c (i) wrthyn (ii) ynddo (iii) i (iv) iddi (v) arnaf (vi) ynddyn (vii) iddyn (viii) arnoch (ix) arni (x) i

11 (i) Dydyn nhw ddim yn ffermio yno bellach.
(ii) Pryd caewyd y chwarel lechi olaf?
(iii) Does dim angen llechi ar bobol nawr.
(iv) Tybed a fydd llawer o ymwelwyr yn y ganolfan?
(v) Pryd roedd y diwydiant llechi yn ei anterth?
(vi) Dydw i ddim yn siŵr a brynais i nhw ai peidio.
(vii) Roedd hi wedi bod yn trio cael gafael arnon ni drwy'r dydd.
(viii) Edrycha arnat ti dy hunan! — Beth sy'n bod arnaf i?
(ix) Peidiwch rhoi'r bai arnaf i!
(x) Ar ôl i fi adael ysgol roeddwn i'n arfer mynd (arferwn fynd) ar ddydd Sadwrn i weld Lerpwl yn chwarae pêl droed.
(xi) Dim ond ambell i chwarel lechi sy ar agor yng Ngogledd Cymru nawr.

(xii) Mae miloedd o ymwelwyr yn ymweld â'r ganolfan bob blwyddyn.
(xiii) Mae angen miloedd o bunnau arnyn nhw i drwsio'r eglwys.
(xiv) Wnei di alw arnon ni pan fyddi di yn y dref? — Gwnaf.
(xv) Oeddech chi'n arfer byw yng Nghanolbarth Cymru? — Oedden.

Gwers 26

3(b)   Your replies might end like this:
(i) achos fy mod i am dynnu llun o Jane.
(ii) achos fy mod i am weld pryd mae'r newyddion ar y teledu.
(iii) achos fy mod i am weld pwy sy wedi marw.
(iv) achos fy mod i am beintio tu allan i'r tŷ.
(v) achos fy mod i am ysgrifennu llythyr.
(vi) achos fy mod i am brynu petrol.
(vii) achos fy mod i am fynd i gyfarfod.
(viii) achos fy mod i am fod yn feddyg.

4b (i) gei (ii) Chawson (iii) cael (iv) Gest (v) cael (vi) Chân
(vii) Gaf (viii) Gawn

4d (i) Cei / Na chei   (ii) Cân / Na chân
(iii) Do / Naddo   (iv) Caf / Na chaf
(v) Do / Naddo   (vi) Ydw / Nac ydw
(vii) Caiff / Na chaiff   (viii) Do / Naddo

5b (i) Fe wnaf i wrando arnyn nhw heno.
(ii) Fe wnawn ni brynu car y flwyddyn nesaf.
(iii) Fe wnaiff hi ddod ar y bws.
(iv) Os gwnewch chi frysio fe wnewch chi ddal y trên.
(v) Fe wnei di weld eisiau'r plant.
(vi) Wnes i ddim synnu ei bod hi'n dost.
(vii) Wnest ti ddim rhoi arian i fi.
(viii) Fe wnaethon nhw briodi y llynedd.
(ix) Wnaeth e ddim hwylio o gwmpas y byd ar ei ben ei hunan.
(x) Fe wnaethon ni gyrraedd yn gynnar.

6b Does dim hawl 'da chi ...
(i) droi i'r dde   (ii) droi i'r chwith   (iii) droi 'nôl   (iv) aros
(v) yrru lori ar hyd yr heol   (vi) yrru bws ar hyd yr heol   (vii) fynd ar feic ar hyd yr heol   (viii) gerdded ar hyd yr heol

7b Wrth deithio o Ddolgellau i Borthmadog ewch drwy bentref Trawsfynydd i weld cofgolofn Hedd Wyn. Stopiwch am funud a sefwch wrth droed y gofgolofn i ddarllen am fugail a bardd *Yr Ysgwrn* a fu farw yn Ffrainc yn 1917.

9b e.g. (i) Nage, nid John dorrodd y ffenestr (achos aeth e ddim allan o'r tŷ drwy'r nos).
  (ii) Nage, nid dy fai di oedd e (achos roedd y ffenestr wedi torri o'r blaen).
  (iii) Nage, nid heno mae hi'n dod (gan ei bod hi'n aros i mewn bob nos Fercher).
  (iv) Nage, nid y bachgen 'na ysgrifennodd ar y wal (gan y byddai fe'n methu cyrraedd).

12 (i) Pryd bydd y gêm drosodd?
  (ii) Fe allet ti wneud yn dda yn yr arholiad drwy adolygu'n llwyr.
  (iii) Fe fyddaf i gyda ti tan ddydd Sadwrn.
  (iv) Tan pryd gallan nhw aros?
  (v) Ti drawodd y bachgen bach?
  (vi) Dydw i ddim yn mynd gyda fe yn y car os taw fel 'na mae e'n gyrru.
  (vii) Allech chi wneud gwisg i fi ar gyfer y ddawns yn Neuadd y Dref?
  (viii) Chei di ddim mynd allan i chwarae tan i ti orffen dy waith cartref.
  (ix) Gaf i ddefnyddio eich ffôn, os gwelwch yn dda? — Ar bob cyfrif. Helpwch eich hunan.
  (x) Mae hi am fy ngweld i ond dydw i ddim am ei gweld hi.
  (xi) Wnaethon nhw dy dalu di? — Naddo.
  (xii) Wnaeth e ddim galw amdanaf i, do fe?
  (xiii) Fe fydd rhaid iddi hi aros yn y tŷ tan i'r bws ddod.
  (xiv) Does dim hawl 'da nhw fynd y ffordd 'na, oes e?
  (xv) Nid fy llyfrau i ydyn hwn.

Gwers 27

2b (i) dro'n ôl (ii) ar fin (iii) hen (iv) gyda'n gilydd (v) Cystal i ni
  (vi) ar gyfer (vii) Tybed, wrthof (viii) ar hyn o bryd (ix) ar wahân
  (x) efallai

4b (i) Efallai ei bod hi yn y llyfrgell.
  (ii) Efallai eu bod nhw yn yr ysgol.
  (iii) Efallai ei fod e yn y caffi.
  (iv) Efallai ei bod hi yn y siop.
  (v) Efallai ei fod e yn y tŷ bach.
  (vi) Efallai ei fod e yn yr eglwys.
  (vii) Efallai eu bod nhw yn y garej.
  (viii) Efallai ei fod e ar y ffôn.

4d (i) Efallai ein bod ni.
  (ii) Efallai eu bod nhw.
  (iii) Efallai fy mod i.
  (iv) Efallai eich bod chi.
  (v) Efallai ei fod e.
  (vi) Efallai ei bod hi.

5b (i) yntê (ii) efe (iii) yntê (iv) efe (v) efe (vi) yntê (vii) yntê (viii) efe

6c (i) Mae'n dda 'da fi ei bod hi'n gwella.
(ii) Mae'n dda 'da fi gyflwyno John i chi.
(iii) Mae'n dda 'da fi fod yma .
(iv) Mae'n dda 'da fi eich bod chi'n gwella.

7b (i) Efallai i ti golli'r arian.
(ii) Efallai i ti brynu petrol.
(iii) Efallai i ti wario'r arian.
(iv) Efallai i ti roi'r arian i Gwen.

8b (i) fyddwch chi (ii) ydyn nhw (iii) fyddaf i (iv) wyt ti (v) oedden nhw (vi) fydd e (vii) fyddai hi (viii) fyddi di (ix) fyddwn i (x) ydyn ni

8c (i) Byddaf / Byddwn (ii) Ydyn (iii) Byddi / Byddwch (iv) Ydw (v) Oedden (vi) Bydd (vii) Byddai (viii) Byddaf (ix) Byddet / Byddech (x) Ydyn

8d (i) Fe fyddwch chi / oni fyddwch chi
(ii) Maen nhw / on'd ydyn nhw
(iii) Fe fyddaf i / oni fyddaf i
(iv) Rwyt ti / on'd wyt ti
(v) Roedden nhw/ on'd oedden nhw
(vi) Fe fydd e / oni fydd e
(vii) Fe fyddai hi / oni fyddai hi
(viii) Fe fyddi di / oni fyddi di
(ix) Fe fyddwn i / oni fyddwn i
(x) Rydyn ni / on'd ydyn ni

8e (i) Oedd e? (ii) Fydd hi? (iii) Ydyn nhw? (iv) Ydw i? (v) Ydy hi? (vi) Oedden nhw? (vii) Fyddan nhw? (viii) Fyddet ti? / Fyddech chi? (ix) Fydden nhw? (x) Oedden ni?

8f (i) ydyn nhw (ii) on'd ydy hi (iii) fyddech chi (iv) oeddech chi (v) oni fyddan nhw (vi) efe (vii) on'd oes e (viii) on'd do fe (ix) yntefe (x) oes e

9b (i) Prin ei fod e'n gallu cerdded.
(ii) Prin ei bod hi'n gallu clywed.
(iii) Prin ei fod e'n gallu sefyll.
(iv) Prin ein bod ni'n gallu gwneud y gwaith.

9d (i) Prin bod digon o laeth 'da hi.
(ii) Prin bod digon o arian 'da nhw.
(iii) Prin bod digon o betrol yn y car.
(iv) Prin bod digon o waith 'da nhw.

11 (i) Efallai i chi fy ngweld i yn y dref ychydig o wythnosau'n ôl.
(ii) Efallai iddo ennill y gêm.
(iii) Wn i ddim ble maen nhw—efallai eu bod nhw yn yr ardd.
(iv) Nid hi ydy gwraig y llywydd, efe?
(v) Mae'n dda 'da fi weld dy fod ti'n gwella.
(vi) Dydw i ddim yn meddwl eich bod chi'n adnabod eich gilydd, ydych chi?
(vii) Roedd cynulleidfa fawr yn y cyngerdd, on'd oedd e?
(viii) Maen nhw'n aelodau, on'd ydyn nhw?
(ix) Prin bod angen iddi hi ddweud wrthof i bod y gwaith yn anodd / galed.
(x) Gan dy fod ti'n gwybod sut i'w wneud e, gwna fe dy hunan!
(xi) Roedd rhaid iddi hi weithio'n hwyr yn y swyddfa gan ei bod hi ddwy awr yn hwyr yn cyrraedd.
(xii) Fe ydy'r un mwyaf talentog yn eu plith nhw, yntefe?
(xiii) Fe fyddan nhw yn y gynulleidfa, oni fyddan nhw?
(xiv) Pa mor llwyddiannus oedd e?
(xv) Ble cafodd hi ei magu?

Gwers 28

2 (i) tywysogion, llysoedd (ii) ceffylau (iii) beddau, tywysogion
(iv) Ceffylau pwy ydy'r rhain? (v) cŵn (vi) olygfeydd
(vii) Ydy'r llawlyfrau'n werth eu darllen? (viii) ... dy gyfeillion eu claddu.

3b clamp o ...
(i) gofgolofn (ii) geffyl (iii) ddyn (iv) ginio (v) lyfr
(vi) dedi (vii) adeilad (viii) fenyw

5 (i) Mi gladdon ... (ii) Fe ddof ... (iii) fe orweddwn ... / fe gysgwn ...
(iv) Mi syrthiet ... (v) Lladda'r ... (vi) Wnest ...
(vii) Arweiniwyd ... (viii) Faint codoch ...

8b (i) Ydy, hi ydy'r stryd gulaf (yn y dref).
(ii) Ydyn, nhw ydy'r gwannaf ...
(iii) Ydy, hi ydy'r bertaf ...
(iv) Ydy, Jane ydy'r ferch dawelaf ...
(v) Wyt, ti ydy'r tewaf ...
(vi) Ydw, fi ydy'r ysgafnaf ...
(vii) Ie, dyma'r prynhawn twymaf (eleni).
(viii) Ie, dyma'r diwrnod tristaf (yn hanes y teulu).

8e (i) P'un ydy'r drutaf? / rhataf? —
Y Rolls Royce ydy'r drutaf a'r Mini ydy'r rhataf.
(ii) Pa rai ydy'r ysgafnaf? / trymaf? —
Yr afalau ydy'r ysgafnaf a'r orennau ydy'r trymaf.

(iii) Pwy ydy'r cryfaf? / gwannaf? —
Tom ydy'r cryfaf a Gwyn ydy'r gwannaf.
(iv) Pwy ydy'r tewaf? / teneuaf? —
Billy ydy'r tewaf a Sam ydy'r teneuaf.
(v) Pwy ydy'r ifancaf? / henaf or hynaf? —
Mrs. Jones ydy'r ifancaf a Mr. Jones ydy'r henaf.
(vi) P'un ydy'r pellaf? / agosaf? —
Glasgow ydy'r pellaf a Chaerdydd ydy'r agosaf.

9b (i) Gadewch i fi fynd (i'r sinema).
(ii) Gadewch i ni hel (arian ar gyfer yr eisteddfod).
(iii) Gadewch iddo fe ddal (bws adref).
(iv) Gadewch iddi hi ddod (gyda ni).
(v) Gadewch iddyn nhw aros (yma tan i'r bws ddod).

10b (i) go gymylog (ii) go gyfoethog
(iii) go ddrud (iv) go wyntog
(v) go dwym (vi) go fynyddig
(vii) go stormus (viii) go gas
(ix) go dew (x) go wan

10c (i) ... gan eu bod nhw'n o gyfoethog.
(ii) ... gan ei bod hi'n o gymylog.
(iii) ... gan ei fod e'n o ddiddorol.
(iv) ... gan fy mod i'n o hen.
(v) ... gan ei fod e'n o uchel.
(vi) ... gan ei bod hi'n o dost / sâl.
(vii) ... gan eu bod nhw'n o drwchus.
(viii) ... gan ei fod e'n o bwysig.

11b (i) ... heol, gan edrych i'r ...
(ii) ... teledu, gan fwynhau peint ...
(iii) ... Gwyn, gan eistedd wrth ...
(iv) ... ddillad, gan edrych ar ...
(v) ... Gwen, gan ddechrau peiriant ...
(vi) ... llythyron, gan sylwi'n arbennig ...

12 (i) Roedd clamp o gi wrth y porth.
(ii) Ceffyl pwy ydy hwnna?
(iii) Dydw i ddim yn teimlo fel mynd allan / ma's yn y nos ar ôl diwrnod caled o waith. Ydych chi?
(iv) Roedd rhaid iddi hi fynd i'r banc y tu ôl i'r ganolfan siopa i godi arian.
(v) Pwy oedd yn eistedd y tu ôl i ti yn y cyngerdd?
(vi) P'un ydy'r gadair fwyaf cyfforddus yn y lolfa?
(vii) Hwn oedd y drutaf yno (or yr un drutaf).
(viii) Gadewch i fi fynd i'r ddawns gyda fy ffrindiau, os gwelwch yn dda.
(ix) Mae'r llyfr 'na'n o ddiddorol.
(x) Rydw i'n meddwl y dylet ti ei ddarllen o, er ei fod e'n o hir. (*or* braidd yn hir).

(xi) 'Wyt ti wedi gweld hwn?' gofynnodd fy ngŵr, gan estyn y papur i fi.
(xii) Doedd hi ddim yn cael mynd i'r cyngerdd gan ei fod o'n gorffen yn o hwyr. (*or* braidd yn hwyr).
(xiii) Fe oedd y bachgen talaf yn yr ystafell.
(xiv) Fe gawson ni fore eithaf diflas, yn mynd o siop i siop, ond fe fethon ni ddod o hyd i (*or* ffeindio) beth roedden ni'n chwilio amdano.

Gwers 29

1b (i) awduron (ii) cyhoeddwyr (iii) cylchgronau (iv) eisteddfodau (v) benblwyddi'r plant

3c (i) (iii) (v) (vi) (viii) I bwy maen nhw?
(ii) (iv) I bwy mae e?
(vii) I bwy mae hi?

4b (i) Os na ddof i ...   (ii) Os na chawn ni ...
(iii) Os nad addawodd e ...   (iv) Os na phenderfynwch chi ...
(v) Os nad ydyn nhw ...   (vi) Os na thrwsiodd e ...
(vii) Os na fyddi di ...   (viii) Os nad ydy hi ...
(ix) Os nad ydyn ni ...   (x) Os na thalan nhw ...

4c (i) Os na chaf i sigarets yfory   (ii) Os na ddalian nhw'r trên
(iii) Os na chysgwch chi'n dda   (iv) Os na alli di wneud y gwaith
(v) Os na thriwn ni'n galed   (vi) Os na chaiff hi ddod

5b (i) Sawl cwpanaid o de y dydd y byddwch chi'n ei hyfed? (*hyfed* since cwpanaid is *fem.*)
(ii) Sawl sigaret y dydd y byddwch chi'n ei hysmygu? (*sigaret* is *fem.*)
(iii) Sawl papur y dydd y byddwch chi'n ei ddarllen?
(iv) Sawl pryd y dydd y byddwch chi'n ei fwyta?

5c (i) Sawl gwaith y flwyddyn y byddwch chi'n mynd i sinema?
(ii) Sawl gwaith y flwyddyn y byddwch chi'n mynd i theatr?
(iii) Sawl gwaith yr wythnos y byddwch chi'n mynd i dafarn?
(iv) Sawl gwaith y mis y byddwch chi'n mynd i garej?

6b (i) Prin yr ân nhw allan nos yfory ...
(ii) Prin y caiff hi ddod ...
(iii) Prin y cei di docyn ...
(iv) Prin y daw e'n gynnar heno ...
(v) Prin y gallwn i symud ...
(vi) Prin yr arhoswn ni'n hir ...

6c (i) Prin y cewch chi docyn (gan eu bod nhw mor brin).
(ii) Prin y caiff hi fynd i'r ddawns ...

(iii) Prin y gwerthwn ni'r tŷ ...
(iv) Prin yr af i allan ...
(v) Prin y clywan nhw oddi wrth John ...
(vi) Prin y gwelaf i'r ffilm ...

7b (i) yn fryntach na (w—y) (ii) yn gochach na
(iii) yn gynhesach na (nn—nh) (iv) yn ddrutach na (d—t)
(v) yn oleuach na (au—eu) (vi) yn wannach na (n—nn)
(vii) yn wlypach na (b—p) (viii) yn felysach na
(ix) yn deneuach na (au—eu) (x) yn dywyllach na

7c (ii) yn ysgafnach na / yn drymach na (w—y)
(iii) yn dalach na / yn fyrrach na (r—rr)
(iv) yn gryfach na / yn wannach na (n—nn)
(v) yn gyflymach na / yn arafach na
(vi) yn ddrutach na / yn rhatach na (d—t)
(vii) yn bellach na / yn agosach na
(viii) yn henach na / yn ifancach na hynach

8b (i) cyn ysgafned â / cyn drymed â
(ii) cyn daled â / cyn fyrred â
(iii) cyn gryfed â / cyn wanned â
(iv) cyn gyflymed â / cyn arafed â
(v) cyn ddruted â / cyn rhated â
(vi) cyn belled â / cyn agosed â
(vii) cyn hened â / cyn ifanced â hyned

9b Dyna'r dyn ...
(i) ... a olygodd y cylchgrawn.
(ii) ... a fydd yn agor y siop newydd.
(iii) ... a oedd yn arfer byw gyferbyn â ni.
(iv) ... a gaiff docynnau i chi.
(v) ... a ddaeth i dy weld di.

9c (i) bod (ii) sy (iii) a (iv) y
(v) sy (vi) a (vii) eu bod
(viii) y (ix) sy (x) y

12 (i) I bwy maen nhw'n debyg?
(ii) Os doi/dei di gyda fi i'r cyngerdd, ffonia fi cyn dau o'r gloch.
(iii) Fyddwch chi'n gwylio'r teledu bob nos?
(iv) Fyddan nhw'n mynd i'r cyfandir bob blwyddyn?
(v) Sawl gwaith rydych chi wedi bod i Ganolbarth Lloegr?
(vi) Prin y cân nhw fynd i mewn gan eu bod nhw'n rhy ifanc.
(vii) Prin bod Cymraeg yn fwy anodd na Ffrangeg.
(viii) Fedret/Allet ti ddim bod yn dewach na fi!
(ix) Ble mae'r cylchgrawn 'na a brynodd hi ddoe?

(x) Prin y gallai'r/medrai'r sylfaenydd fod wedi gobeithio y byddai ei freuddwyd yn cael ei gwireddu. (*or* y gwireddid ei freuddwyd.)
(xi) P'un ydy'r awdur a ysgrifennodd y llyfr?
(xii) Ferched, allech chi/fedrech chi fy helpu i i baratoi'r bwrdd *or* gosod y bwrdd? Mae eich tad ar fin dod adref.

Gwers 30

3b (i) Dewch i fi gael golchi eich car.
(ii) Dere i fi gael benthyg dy bapur.
(iii) Dere i fi gael cymryd dy got.
(iv) Dewch i fi gael agor y drws, Mr. Jones.
(v) Dewch i fi gael cau'r ffenestr, Mr. Jones.
(vi) Dewch i fi gael eich gweld.
(vii) Dere i fi gael dy glywed yn canu.
(viii) Dewch i fi gael eu trwsio nhw, Mr. Jones.
(ix) Dere i fi gael ei olchi fe, John bach.
(x) Dewch i fi gael talu amdanyn nhw, Mr. Jones.

4c (i) Dere â gwydraid o win i fi.
(ii) Dere â phwys o afalau i fi.
(iii) Dewch â'r 'Cymro' i fi.
(iv) Dewch â hanner pwys o gaws i fi.

4d (i) Fe fyddaf i'n dod â'r plant.
(ii) Fe ddaw e â'r papur.
(iii) Pwy sy'n dod â bisgedi?
(iv) Rydw i eisiau dod â fy rhieni gyda fi.
(v) Ddaethoch chi â'ch gwraig?
(vi) Ddaethon nhw ddim â ffrwythau o gwbl.
(vii) Wnei di ddod â thorth?

5c Fe fyddai hi'n well ...
(i) iddo fe beidio troi i'r chwith.
(ii) i fi beidio troi 'nôl.
(iii) i ti beidio mynd/gyrru dros dri deg milltir yr awr.
(iv) i chi beidio parcio ar y llinellau melyn dwbl.

5d (i) Roedd yn well 'da hi beidio dal trên cynnar.
(ii) Fe fydd yn well 'da fe beidio gyrru.
(iii) Fe fydd yn well 'da nhw beidio prynu tŷ newydd.
(iv) Fe fyddai'n well 'da ni beidio gadael yn hwyr.
(v) Fe fyddai'n well 'da fi beidio aros yn y tŷ.

5e (i) ... i fi beidio dweud.
(ii) ... am beidio chwarae ...
(iii) ... am beidio aros ...
(iv) ... 'da nhw beidio talu.
(v) ... i fi beidio gyrru adref.

6c (i) Ble mae dy un di?
(ii) Pa rai ydy dy rai di?
(iii) P'un oedd ei hun hi?
(iv) Faint oedd eu rhai nhw?
(v) Mae fy un i'n hen.
(vi) Fy un i ydy hon.
(vii) Ei un e oedd hi.
(viii) Gaf i fenthyg eich un chi?

12a (i) Beth wnelen nhw yn . . . ?
(ii) Beth wnelet ti yn . . . ?
(iii) Beth wnelen ni yn . . . ?
(iv) Beth wnelai fe yn . . . ?
(v) Beth wnelai hi yn . . . ?

12d (i) Na wnelwn   (ii) Gwnelai   (iii) Gwnelai   (iv) Na wnelen
(v) Gwnelen *or* Gwnelech   (vi) Gwnelen   (vii) Na wnelwn
(viii) Na wnelen

13b (i) Ble celai John sigarets?
(ii) Ble celen ni docynnau?
(iii) Ble celech chi botel o laeth?
(iv) Ble celai hi asbirins?
(v) Ble celai Mair record?
(vi) Ble celwn i rif ffôn y sinema?
(vii) Ble celen ni goeden Nadolig?
(viii) Ble celet ti garden Nadolig?

13c (i) Gelen nhw addurno'r goeden Nadolig . . . ?
(ii) Gelwn i anfon carden Nadolig . . . ?
(iii) Gelen ni ddod gyda chi . . . ?
(iv) Gelai hi fwyta cinio o fy mlaen i . . . ?
(v) Gelai fe yrru'r car . . . ?

Gwers 31

2b (i) Efallai y celwn i fynd . . .
(ii) Efallai yr enillen ni . . .
(iii) Efallai y celech chi docyn . . .
(iv) Efallai y gwelet ti hi yno . . .
(v) Efallai y codai fe'n gynnar . . .

2c (i) Gobeithio y gwelaf i ti . . .
(ii) Gobeithio yr enillan nhw . . .
(iii) Gobeithio y daw trên arall . . .
(iv) Gobeithio y mwynhewch chi . . .
(v) Gobeithio y caiff hi amser da . . .
(vi) Gobeithio y cei di ddod . . .

3b (i) ohoni (ii) ohonyn (iii) o (iv) ohonyn (v) ohonof (vi) ohonon (vii) ohonoch

5b (i) Rydw i ychydig yn denau.
(ii) Rydw i ychydig yn frwnt.
(iii) Rydw i ychydig yn fyr.
(iv) Rydw i ychydig yn dal.

5d (i) ychydig yn ddrutach (ii) ychydig yn drymach
(iii) ychydig yn hwyrach (iv) ychydig yn wlypach
(v) ychydig yn oleuach (vi) ychydig yn fwy diddorol
(vii) ychydig yn fwy awyddus (viii) ychydig yn boethach/dwymach
(ix) ychydig yn bertach (x) ychydig yn fwy trwchus

5e (i) Roedd y stecen ychydig yn fwy blasus ...
(ii) Ydyn nhw ychydig yn fwy cyfoethog/yn gyfoethocach ...?
(iii) Rydych chi ychydig yn fwy lwcus ...
(iv) Mae hi ychydig yn fwy gwlyb/yn wlypach heddiw ...
(v) Rydw i ychydig yn fwy hen/yn henach ...
(vi) Mae'r got newydd 'ma ychydig yn fwy trwm/yn drymach ...
(vii) Roedd Mair ychydig yn fwy tawel/yn dawelach ...
(viii) Mae'r stryd 'ma ychydig yn fwy swnllyd ...

8b (i) wlyb ofnadwy (ii) stormus ofnadwy
(iii) sych ofnadwy (iv) wyntog ofnadwy
(v) oer ofnadwy (vi) dywyll ofnadwy
(vii) niwlog ofnadwy (viii) heulog/boeth ofnadwy

8d (i) yn ofnadwy o ddrud
(ii) yn ofnadwy o bwysig
(iii) yn ofnadwy o gul
(iv) yn ofnadwy o hwyr
(v) yn ofnadwy o dew
(vi) yn ofnadwy o gyrliog

11b (i) Mae hi'n siŵr o lwyddo ...
(ii) Ydych chi'n siŵr o gael ...?
(iii) Roedden nhw'n siŵr o wario ...
(iv) Rydw i'n siŵr o fynd yn dew ...

12b (i) Pam nad ân nhw i ...?
(ii) Pam na pheintiff hi'r ...?
(iii) Pam na ddowch chi yn y ...?
(iv) Pam na chei di ddod ...?
(v) Pam na chawn ni ymweld â'r ysbyty ...?
(vi) Pam na alwiff e ...?

12c (i) Pam na chei di fynd ...?
(ii) Pam na chân nhw ddod ...?

(iii) Pam na ddaethon nhw ...?
(iv) Pam nad aethoch chi ...?
(v) Pam na phrynaist ti ...?
(vi) Pam na wnaiff hi gerdded ...?
(vii) Pam na ddywediff e ...?
(viii) Pam na thrafodwch chi ...?

14 (i) Ydy e'n wir bod Jack a Jill wedi gwahanu?
(ii) Mae'n drueni bod rhaid i chi adael nawr.
(iii) Roedd yn flin ofnadwy 'da fi glywed am farwolaeth dy dad.
(iv) Efallai y cân nhw aros. / Efallai y byddan nhw'n cael aros.
(v) Gobeithio y daw hi cyn bo hir.
(vi) Ydy hi ychydig yn well heddiw?
(vii) Llongyfarchiadau iddyn nhw ar eu llwyddiant.
(viii) Pryd mae diwedd y tymor?
(ix) Does dim llawer o swyddi ar gael ar hyn o bryd.
(x) P'un ydy eich hoff dymor?
(xi) Foneddigion a boneddigesau, mae hwn yn achlysur pwysig yn hanes yr ysgol.
(xii) Gobeithio y caiff hi siwrnai ddiogel.
(xiii) Fe fyddaf i'n siŵr o ddweud wrthyn nhw.
(xiv) Pam na ddôn nhw gyda ni?
(xv) Pam na ddywedaist ti wrthof i?

Gwers 32

3b Ydy e'n wir ...
(i) ... iddo fe ddal pysgodyn mawr ...?
(ii) ... i ti daro ...?
(iii) ... iddyn nhw ymosod ar ...?
(iv) ... i chi gwympo i'r afon ...?
(v) ... iddyn nhw gael damwain ...?
(vi) ... iddi hi ennill ... o bunnau ar *Ernie*?
(vii) ... i Mair ffonio ...?
(viii) ... i chi ddringo ...?

3c Fe glywais i ...
(i) ... iddyn nhw ymddangos ar y teledu ...
(ii) ... i chi fy ffonio i neithiwr.
(iii) ... i'r bechgyn ymosod ar yr hen ddyn.
(iv) ... i ti gael damwain yr wythnos diwethaf.
(v) ... iddyn nhw roi anrheg drud i ti.

4b (i) ... am ei fod e'n gyflym.
(ii) ... am ei bod hi'n lliwgar.
(iii) ... am eu bod nhw gartref ... / am fod y plant gartref ...
(iv) ... am eu bod nhw'n rhy galed.
(v) ... am fod rhaid i fi edrych ar ôl y plant.

5b (i) peth (ii) peth (iii) rhai (iv) rhai (v) peth (vi) peth
(vii) rhai (viii) rhai

5c (i) peth (ii) rhai (iii) rhai (iv) peth (v) rhai (vi) peth
(vii) rhai (viii) peth (ix) rhai (x) peth

6b Pwy sy'n chwarae yn . . .
(i) eu herbyn nhw
(ii) eich erbyn chi
(iii) dy erbyn di
(iv) fy erbyn i
(v) ei herbyn hi
(vi) ein herbyn ni
(vii) ei erbyn e

6c See **6b**

9b (i) Telir y llanc bob wythnos.
(ii) Cyhoeddir y cylchgrawn bob mis.
(iii) Disgwylir cant o weithwyr cyn diwedd y mis.
(iv) Cynhyrchir y rhaglen gan John Jones.
(v) Credir bod y dyn wedi cael ei lofruddio.

10 (i) Wyt ti erioed wedi chwarae yn ei herbyn hi?
(ii) Fe ddywedodd e y byddai'r car yn barod erbyn pump o'r gloch, on'd do fe?
(iii) Fe ddywedon nhw i'r dyn ymosod arnyn nhw.
(iv) Fydd hi ddim yno am fod peswch cas arni hi.
(v) Fyddaf i ddim yn dod am y dylwn i fod yn gweithio.
(vi) Dim rhagor o win i fi, diolch (i chi)—mae peth 'da fi.
(vii) Mae tocynnau i'r gêm yn brin; does dim rhai 'da chi, oes e?
(viii) Beth ellid ei wneud i'w helpu hi?
(ix) Sawl gwaith y flwyddyn mae'r cylchgrawn yn cael ei gyhoeddi?
(x) Dringwyd Everest gan Sherpa Tensing ym 1953.
(xi) Dywedid bod llawer o arian 'da hi,
(xii) Gwadir y cyhuddiad gan y llanc.
(xiii) Mae e'n honni bod miloedd o bobl allan o waith / ar y clwt / o ganlyniad i bolisi economaidd y llywodraeth bresennol.
(xiv) Pwy oedd yn gyfrifol am y ddamwain?
(xv) Sut digwyddodd y ddamwain?

Gwers 33

1d cryn dipyn o . . .
(i) adeiladau (ii) feddau (iii) ddamweiniau (iv) raglenni
(v) ddarllen (vi) Gymry

2b (i) siwgr (ii) goffi (iii) laeth (iv) ddŵr (v) baent (vi) hufen iâ
(vii) amser (viii) arian

2c (i) Faint o wythnosau/ddiwrnodau sy mewn mis?
(ii) Faint o ddiwrnodau/oriau sy mewn wythnos?
(iii) Faint o oriau/funudau sy mewn diwrnod?
(iv) Faint o funudau/eiliadau (*seconds*) sy mewn awr?
(v) Faint o flynyddoedd sy mewn canrif?
(vi) Faint o geiniogau sy mewn punt?
(vii) Faint o lathenni (*yards*) sy mewn milltir?

3b (i) Cofiwch fi ati hi.   (iv) Dewch aton ni.
(ii) Ysgrifennwch atyn nhw.   (v) Anfonwch lythyr ataf i.
(iii) Ewch ato fe.

4b (i) Gawsoch chi lythyr oddi wrthof i?
(ii) Pryd cest ti lythyr oddi wrthon ni?
(iii) Fe ges i lythyr oddi wrthot ti ddoe.
(iv) Fe ges i lythyr oddi wrthoch chi yr wythnos diwethaf.
(v) Gest ti lythyr oddi wrthi hi?
(vi) Fe gawson ni lythyr oddi wrtho fe heddiw.

4d Oddi wrth pwy y ... yr anrheg 'na?
(i) y ces i   (ii) y cest ti
(iii) y cafodd e   (iv) y cafodd hi
(v) y cawson ni   (vi) y cawson nhw

5b (i) Roeddwn i ar eich ôl chi ...
(ii) Roeddwn i ar eu hôl nhw ...
(iii) Roeddwn i ar ei ôl e ...
(iv) Roeddwn i ar ei hôl hi ...
(v) Roeddech chi ar ein hôl ni ...

5c (i) ar ei ôl e   (ii) ar ei hôl hi
(iii) ar eich ôl chi   (iv) ar eu hôl nhw
(v) ar dy ôl di

6b (i) Pwy oedd biau'r tŷ o'ch blaen chi?
(ii) Pwy oedd biau'r beic o'i flaen e?
(iii) Pwy oedd biau'r ci o'i blaen hi?
(iv) Pwy oedd biau'r llyfr o dy flaen di?

7b (i) Rhag ofn na chei di fynd ...
(ii) Rhag ofn na ddalian nhw mo'r trên ...
(iii) Rhag ofn na fydd digon o arian 'da fi ...
(iv) Rhag ofn na chlywch chi oddi wrthof i ...
(v) Rhag ofn na phenderfynan nhw ...
(vi) Rhag ofn na adawodd e mo'r drws ar agor ...
(vii) Rhag ofn na wnes i mo'ch talu ...
(viii) Rhag ofn nad oes bara yn y tŷ ...
(ix) Rhag ofn na fydd hi'n braf ...
(x) Rhag ofn nad oes digon o le yn y sinema ...

7c Efallai na . . .
   (i) welodd e monot ti . . .
   (ii) chollon nhw mo'r trên . . .
   (iii) ddôn nhw . . .
   (iv) fydd llawer yno . . .
   (v) adawais i mo'r drws ar agor . . .
   (vi) fydd hi'n wlyb . . .

Rhag ofn na . . .
   (i) . . . welodd e ti . . .
   (ii) . . . chollon nhw mo'r trên . . .
   (iii) . . . ddôn nhw . . .
   (iv) . . . fydd llawer yno . . .
   (v) . . . adawais i mo'r drws ar agor . . .
   (vi) . . . fydd hi'n wlyb . . .

8d (i) 1. Y pedwerydd mis o'r flwyddyn ydy mis Ebrill.
     2. Y nawfed mis o'r flwyddyn ydy mis Medi.
     3. Y seithfed mis o'r flwyddyn ydy mis Gorffennaf.
  (ii) Mae Dydd Gŵyl Ddewi ar y cyntaf o Fawrth.
  (iii) Mae Tom yn byw yn y pumed tŷ; Dic yn y seithfed tŷ; Harri yn y nawfed tŷ.

8g (i) Dydd Llun yr ugeinfed o Fehefin
    Dydd Mercher yr ail ar hugain o Fehefin
    Dydd Sadwrn y pumed ar hugain o Fehefin
  (ii) Disraeli—y bedwaredd ganrif ar bymtheg
    Shakespeare—yr unfed ganrif ar bymtheg a'r ail ganrif ar bymtheg
    Elizabeth I—yr unfed ganrif ar bymtheg
    Harry VIII—yr unfed ganrif ar bymtheg
  (iii) 1066—yr unfed ganrif ar ddeg
    1282—y drydedd ganrif ar ddeg
    1485—y bymthegfed ganrif
    1984—yr ugeinfed ganrif
  (iv) Mae Mary yn y trydydd dosbarth.
    Mae John yn y pumed dosbarth.
    Mae Alun yn y chweched dosbarth.
  (v) Mae'r ail bennod ar bymtheg ar goll.
  (vi) Y drydedd salm ar hugain ydy hi.
  (vii) Mae Dydd Nadolig ar y pumed ar hugain o Ragfyr.
    Yr unfed ar ddeg ar hugain o Awst.
    Y deuddegfed mis
  (viii) Bil oedd y cyntaf
    Sam oedd yr ail
    Jac oedd y trydydd

9
(i) Mae cryn dipyn o gyrsiau Cymraeg ar gael yng Nghymru.
(ii) Faint o amser gymeriff hi i ni gyrraedd y castell?
(iii) Fe ysgrifennais i atyn nhw ar y degfed o Fai ond dydw i ddim wedi cael ateb hyd yn hyn.
(iv) Rydw i'n synnu atat ti!
(v) Oddi wrthyn nhw y ces i hwnna!
(vi) Allet ti redeg ar ei hôl hi a gofyn iddi hi aros amdanaf i?
(vii) Fe biau'r car newydd 'ma?
(viii) Fe ddywedodd hi taw/mai hi oedd biau'r llyfr 'ma!
(ix) Rhag ofn na welaf i monoch chi cyn i chi adael, cofiwch anfon carden ataf i.
(x) Efallai na ddôn nhw wedi'r cwbl.
(xi) Fe fyddan nhw'n dod ar yr unfed ar hugain o Orffennaf.
(xii) Ydyn nhw wedi gorffen y drydedd bennod eto?
(xiii) Fe fyddaf i'n gallu dod yn ystod y drydedd wythnos yn Awst.
(xiv) Fyddet ti wedi hoffi byw yn yr ail ganrif ar bymtheg?
(xv) Mae hi ar ganol dysgu'r bedwaredd adnod.

Gwers 34

3a The other forms are:
    torri ar fy nhraws i   torri ar eich traws chi
    torri ar dy draws di   torri ar eu traws nhw

4b
(i) Beth ddaeth drostyn nhw?
(ii) Beth ddaeth dros John?
(iii) Beth ddaeth drosti hi?
(iv) Beth ddaeth drostoch chi?
(v) Beth ddaeth drostot ti?
(vi) Beth ddaeth droston ni?
(vii) Beth ddaeth drostof i?

5b
(i) Mae eisiau iddyn nhw . . .
(ii) Mae eisiau i fi . . .
(iii) Mae eisiau iddi hi/i Mrs. Jones . . .
(iv) Roedd eisiau i ni . . .
(v) Fe fydd eisiau iddo fe . . .
(vi) Roedd eisiau i chi . . .
(vii) Fe fyddai eisiau i fi . . .

7b
(i) Rhag ofn na ddaw'r trên.
(ii) Fe glywais i na fydd Dafydd yno.
(iii) Gobeithio na ddôn nhw heno.
(iv) Efallai na chyrhaeddiff e ar ei ben ei hun.
(v) Fe ddywedaist ti na allet ti ddod.
(vi) Fe ddywedoch chi na chelwn i fynd.
(vii) Roedd y plant yn gobeithio na fyddai hi'n bwrw glaw.

8 (i) Beth sy'n eich rhwystro chi rhag dod am bythefnos?
  (ii) Rydyn ni wedi bod yno lawer gwaith o'r blaen.
  (iii) Gan bwyll! Oes rhaid i ti fynd mor gyflym?
  (iv) Pam ddiawl mae rhaid iddi hi dorri ar fy nhraws pan rydw i'n coginio?
  (v) Beth ddiawl ddaeth drosto fe?
  (vi) Cer i 'nôl torth drosto i, wnei di?
  (vii) Fydd dim eisiau iddyn nhw wneud dim.
  (viii) Diolch byth, doedd dim eisiau i fi siarad â hi.
  (ix) Mae'n flin/ddrwg 'da fi fy mod i ddim yn gallu dod ond mae rhaid i fi edrych ar ôl fy mrawd.
  (x) Efallai nad oedden nhw yno!
  (xi) Gobeithio na chafodd e drafferth i ffeindio/ddod o hyd i'r tŷ.
  (xii) Pam roeddet ti'n grac/flin?
  (xiii) Pwy sy wedi sarnu llaeth ar lawr y gegin?
  (xiv) Mae'n flin/ddrwg 'da fi eich trafferthu ond allech chi ddweud wrthof i ble gallwn i brynu sigarets?
  (xv) Beth sy'n bod ar ei lais? Oes annwyd arno fe?

Gwers 35

2b e.g.
  (i) Pwy sy â'r car coch 'na (sy tu allan?)
  (ii) Pwy sy â stamp (dosbarth cyntaf i'w roi i fi?)
  (iii) Pwy sy â honna? Mae hi'n edrych yn got (ddrud iawn.)
  (iv) Pwy sy â'r arian 'ma (sy ar y bwrdd?)
  (v) Pwy sy ag amser (i ddod am beint?)
  (vi) Pwy sy â phapur (ysgrifennu?)

4b (i) Oni bai am y plant ...
  (ii) Oni bai am y ci ...
  (iii) Oni bai am y pris ...
  (iv) Oni bai am y plismon/yr heddlu ...

5b Wyt ti'n gwybod sut i ...
  (i) drwsio car ...   (ii) wnîo ...
  (iii) chwarae ...   (iv) fynd i ...
  (v) hwylio ...

7b Fe ddywedodd e wrthof i am ...
  (i) golli pwysau   (ii) aros yn y gwely
  (iii) gymryd moddion   (iv) roi'r gorau i ysmygu
  (v) beidio yfed cwrw   (vi) beidio codi pwysau
  (vii) chwarae gêm   (viii) fwyta llai

9 (i) Pwy sy â diddordeb mewn gwyddbwyll?
  (ii) Does fawr o ddiddordeb 'da fi mewn pêl-droed.

(iii) Mae hi'n para i wella ar ôl bod yn dost am amser hir.
(iv) Mae ei mam yn gobeithio y bydd diddordeb ei merch mewn gwnïo'n para.
(v) Fe gaiff hi weld a ydy hi'n ddigon da ai peidio!
(vi) Onibai amdanaf i fyddet ti ddim yn cael mynd ar dy ben dy hun(an).
(vii) Fe fydden ni wedi mwynhau ein hunain onibai am y glaw trwm.
(viii) Peidiwch mynd hebddon ni!
(ix) Dydw i ddim yn meddwl/credu yr ân nhw hebddot ti, felly paid gofidio!
(x) Rydw i wedi dweud wrtho fe o'r blaen i fod yn ofalus.
(xi) Ddywedodd hi ddim wrthof i am ffonio.
(xii) Os na fyddaf i yn y tŷ pan alwch chi fe fyddaf i naill ai yn yr ardd neu drws nesaf.
(xiii) Fe hoffwn i fod wedi bod naill ai'n feddyg neu'n athro.
(xiv) Naill ai fe balaf i'r ardd neu drwsio'r car.
(xv) Rydw i'n falch fy mod i wedi dysgu Cymraeg.

Geirfa / Vocabulary

Mae'r rhif yn cyfeirio at *(refers to)* y wers lle mae'r gair yn ymddangos gyntaf.

A

a 25
â 35
achlysur-on 31
achub (rhag) 28
adeiladu 21
aderyn (adar) 31
adnabyddus 22
adnod-au 33
adolygu 26
adran-nau 27
adrodd 33
addfwynaf 28
addo 29
addurno 30
addysgwr (addysgwyr) 29
aelod-au 27
aelod seneddol 32
agosáu (at) 28
angel (angylion) 30
angen 25
ail 24
albwm 35
am 29, 32, 27, 26
amaethyddol 25
ambell 25
amlwg 22
anaf-iadau 32
anafu 35
anfon 30
anniddorol 24
antur 24
apelio (am) 32
archeb-ion 32
ar dy ben dy hun 23
ar ei ôl e 33
ar eich pen eich hunan 22
ar fin 23
ar ganol 33
ar gyfer 26
ar gyhuddiad o 32
ar ôl (i) 21
ar y clwt 32
ar y tro 26
arbennig 25
ardal-oedd 21
arfer 25
arfordir 25
arnyn nhw 25
arwain 28
arwydd-ion 21
atal 25
atat ti 33
awdur-on 29
awdures 22

B

baban-od 28
babi-s 31
bach 24
balch (o) 28, 31
bar 34
bedd-au 28
bellach 25
benthyg 26
beth amdani? 24
beth ar wyneb y ddaear? 28
bingo 24
blaidd (bleiddiaid) 28
blinedig 35
bomio 22
boneddiges-au 31
boneddigion 31
breuddwyd-ion 29
bron 24
brysio 23
buest ti 24
bugail (bugeiliaid) 30
busneslyd 24
buwch (buchod) 24
bwriad 32
bychan 28
byrbwyll 28
bywyd-au 30

C

cadeirydd-ion 32
cael 26
caled 28
caletach 29
caleted 29
call 31
cân (caneuon) 24
canolbarth 25
Canolbarth Lloegr 25
canolfan-nau 25
canrif-oedd 25
cant (cannoedd) 29
carden (cardiau) 30
casglu 35
cau 25
cawr (cewri) 27
cefndir 22
cefn gwlad 25
ceffyl-au 24
ceisio 29
cenedlaethol 29
ci (cŵn) 28
claddu 28
clamp (o) 28
cleddyf-au 28
clir 30
clwyd-i 26
cnawd 27
cneuen (cnau) 30
codi 28
coeden (coed) 30
cofgolofn-au 28
congl-au 28
comedi (comedïau) 24
concwest 28
corff (cyrff) 28
corfforol 35
corn (cyrn) 28
credu 22
creigiog 25
cri 28
croesawu 28

crud 28
cryn dipyn (o) 33
cwmni (cwmnïau) 23
cwrs (cyrsiau) 33
cwsg 28
cwyno 34
cyd-ddyn (cyd-ddynion) 29
cydio (yn) 28
cydymdeimlo (â) 31
cyfaill (cyfeillion) 27
cyfeiriad-au 28
cyfleus 23
cyflwyno 27
cyflwynydd
   (cyflwynwyr) 22
cyfnod-au 32
cyfrifol (am) 32
cyffredinol 25
cyffrous 30
cyhoeddi 32
cyhoeddwr
   (cyhoeddwyr) 29
cyhuddiad-au 32
cylchgrawn
   (cylchgronau) 29
Cymraes 29
Cymro (Cymry) 29
cymydog (cymdogion) 32
cyn (i) 21
cynefino (â) 22
cyn hynny 29
cynhyrchu 32
cynhyrchydd
   (cynhyrchwyr) 27
cynnal 22
cyntaf 22
cynulleidfa-oedd 27
cystadleuaeth
   (cystadlaethau) 26
cystal (i) 21

CH

chwarel-i, 25
chwarel lechi
   (chwareli llechi) 25

D

damo 34
damwain (damweiniau) 26
darganfod 32
darlithydd (darlithwyr) 29
darlledwr (darlledwyr) 27
dathlu 29
dawnus 27
deffro 28
del 27
deunaw 29
dewis 22
dewr(af) 28
diboblogi 25
diddordeb-au 22
diflino 29
difrifol 32
diffinnydd (diffinyddion) 32
dim o gwbl 31
diogel 31
dirwasgiad 32
disgo 26
disgrifiad 28
diswyddo 32
diwedd 31
diweithdra 25
diwrnod-au 28
diwyd 29
diwydiannol 25
diwydiant
   (diwydiannau) 25
dod o hyd i 28
dodrefn 21
doethion 30
do fe? 24
doniol 24
dro'n ôl 21
dros 29
drosodd 26
drostof i 34
druan o 31
drwy 26
Duw (duwiau) 33
dwbl 26
dy hun 27
dychwelyd 22
dyffryn-noedd 25
dymuno 31
dyna 29

E

economaidd 32
economi 25
ef 27
efallai 27
efe 27
egluro 32
ei gilydd 31
eich gilydd 27
eich hun 22
eiddo 26
eisiau i chi 34
eisteddfod-au 29
er cof am 28
er fy mod i ddim 25
er gwaeth 30
erlyniad 32
er mwyn 23
ers i ti 24
esgus-odion 35
esgusodi 26
eto i gyd 28

F

fe fues i 24
fe fuon ni 24
fel 'na 26
fel y gwyddoch chi 25
fuoch chi ddim 24
fyddwn i? 34
fy hun 22

FF

ffaelu 30
ffarwél 31
fferm-ydd 25
ffermio 25
ffilmio 23
ffodus 30
ffug 30
ffyddlon 29
ffyrnig (ffyrnicaf) 28

G

gwerth 21
gwesty (gwestai) 22
gwireddu 29
gwledig 22
gwnïo 35
gŵr (gwŷr) 32
gŵr gwadd
  (gwŷr gwadd) 27
gwraig (gwragedd) 24
gwrthdrawiad-au 32
gwydr 30
gwyddbwyll 35
gŵyl (gwyliau) 30
gwyllt 28
gwynt-oedd 32
gyda'n gilydd 24
gyrru 30

H

hanes 27
hanesydd (haneswyr) 28
hawl 26
hebddi hi etc. 35
hel 28
hela 28
hen 24
hen bryd i 26
honni 32
honno 24
hwylio 25
hynny 27

I

i 32
i ba 24
i ble 21
i bwy 29
i dy 'nôl di 23
iawn 30
iechyd 30
ieuanc 28
ieuenctid 29
Ionawr 29
i'w 30
i ffwrdd â 28
i gyfeiriad 28

L

leicio 23
Lerpwl 22
loncian 35
lwc 33

LL

lladd 28
llais (lleisiau) 34
llanast 28
llanc-iau 32
llawen 30
llawer gwaith 34
llawlyfr-au 21
llech-i 25
llinell-au 26
llofruddio 32
llongyfarchiadau 31
llwyddiannus 27
llwyddiant 31
llys-oedd 28
llywodraeth-au 32
llywydd-ion 27

M

magu 27
mai 22
marw 28
marwolaeth-au 31
masnachol 30
ma's 24
materol 30
mawnog 25
medru 21
medden nhw 23
Mehefin 29
melin wlân
  (melinau gwlân) 21
methiant (methiannau) 32
methu 28
mil-oedd 25
minnau 34
mis-oedd 32
Môn 29
morthwyl-ion 32
mudiad-au 29
mynd â 24
mynd yn hen 34
Mynwy 29
mynydd-dir 25
mynyddig 25

N

naill ai ... neu 35
naturiol 21
neb 29
nes 26
neuadd 24
newydd 24
'nôl at 31
normal 26
Normanaidd 28

O

o dan 29
o flaen 21
o ganlyniad i 32
o nerth i nerth 29
ochr-au 26
oddi wrtho fe 33
oddi 'ma 24
oed 23
oedrannus 32
oes e? 23
ofni 28
oherwydd 25
ohonyn nhw 28
ôl gwaed 28
olaf 25
on'd do? 25
on'd oes? 21

on'd wyt ti? 27
onibai 35
o'r mwyaf 27
ots 23

P

palu 35
pâr (parau) 31
para 35
parcio 26
parhau 32
parod 30
pedwar ugain 32
peidio 30
pêl droed 35
pellaf 28
penblwydd-i 29
penderfyniad-au 32
pennaeth (penaethiaid) 27
peth-au 32, 34
piau 33
plannu 35
pleser 27
poblog 25
polisi (polisïau) 32
porth (pyrth) 28
pres 21
presennol 32
priffordd (priffyrdd) 32
prin 27
prinder 25
priod (â) 23
priodas-au 23
problem-au 25
pwyso 30
pythefnos 34

R

record-iau 22
rŵan 25

RH

Rhagfyr 32
rhaglen-ni 22

rhag ofn 33
rhai 32
rhan-nau 23
rheswm (rhesymau) 31
rhidyll-au 34
rhoi 22
rhwystro (rhag) 34
rhydd 23
rhyfel-oedd 22
rhywdro 24
rhywun (rhywrai) 26

S

salm-au 33
sarnu 34
sefydlu 29
seinio 28
Siôn Corn 30
siwrnai (siwrneiau) 31
sôn 23, 34
stamp-iau 35
swydd-i 31
sydyn 28
sylfaenydd (sylfaenwyr) 29
sylweddoli 28
sylwi 28
syllu 25
syniad-au 22
synnu 23
syrthio 28

T

tan (i) 26
tan pryd 26
ta p'un i 23
taro 26
taro i mewn 35
taw 22
tenis bwrdd 35
tir-oedd 25
tlawd 30
torri ar draws 34
traeth-au 25
trafod 26
trafferth-ion 24
trafferthu 34

tro ar fyd 25
truenus 35
trysori 28
trywanu 28
twll (tyllau) 33
tybed 25
tyddyn-nod 25
tyddynnwr (tyddynwyr) 25
tŷ haf (tai haf) 25
tymer 28
tymor (tymhorau) 31
tyneraf 28
tyrru 29
tyst-ion 32
tywyllu 26
tywysog (tywysogion) 28

U

ugain 31
unigrwydd 22
unman 21
unrhywun 29
Urdd Gobaith Cymru 29
wedi (i) 25
wedi'r cyfan 26
wn i ddim 23
wrth (i) 24

Y

ychydig 31
ydw i? 27
ynghyd 28
ymarfer 35
ymdopi (â) 22
ymddangos 32
ymddiheuro 34
ymestyn 34
ymhlith 27
ymhobman 28
ymlacio 25
ymosod ar 32
ymuno (â) 22
ymwelydd (ymwelwyr) 25
yn dda 'da 27
yn ei anterth 25
yn ei erbyn 32

yn ein plith 27
yn gyntaf 21
yn sicr 22
yn siŵr o 31
ynddi 23
yn gymwys 35
yn sgîl 33
yntê 21
yn union 35
yn y man 26
ynys-oedd 22
Ynys Môn 22
y rhan fwyaf o 25
yr un fath/peth 35
ysbrydoli 29
ysbrydoliaeth 22
ys gwn i 33
y tu ôl i 28
yw 29

Mynegai / Index

A

a (who) L29, N9a
a (whether) L25, N5a
â L35, N2a
angen + *ar* L25, N9
ail L24, N10a
allow (to) L26, N4a
almost L24, N9a
am forms L23, N8a
am (because) L32, N4a, c
am (to want) L26, N3a
ambell + *i* + noun L25, N4a
ar draws L34, N3a
arfer L25, N10a
ar fin L23, N9a
ar fy mhen fy hun etc. L22, N3a
ar gyfer L26, N2a + Atodiad 3
ar ôl L33, N5a
at forms L33, N3a

B

bellach L25, N3b
bod
   efallai precedes L27, N4a;
   prin L27, N9a
bring (to) L24, N4a
bron (almost) L24, N9a
bues i etc. L24, N2a

C

cael (allow) L26, N4a
cael (responses) L26, N4c
Careers L21, N6b
clamp + *o* L28, N3b
codi L28, N4c
Comparisons L28, N8a; L29, N7a, 8a
Conditional
   regular verbs L22, N2a
Conditional
   gwneud L30, N12a
   mynd, cael, dod L30, N13a
Congratulations L31, N7b
cryn dipyn o L33, N1c
cyntaf L22, N9a
cystal + *i* L21, N2a

D

dere i fi etc. L30, N3a
diddordeb 'da L22, N6a
dod â (to bring) L24, N4a
dod â . . . i fi, etc. L30, N4a
do fe? L24, N5a
dros forms L34, N4a
dweud . . . am L35, N7a
dyma (past tense) L28, N7a

E

efallai + *bod* L27, N4a
efallai + *i* L27, N7a
efe? L27, N5a
eisiau + *i* L34, N5a
either ___ or L35, N8a
Emphatic sentence L26, N8, 9a
er mwyn + *i* L23, N2a

F

faint o? L33, N2a
fetch (to) L23, N10a
fy hun(an) etc. L22, N4a

G

gadael + *i* L28, N9a
gallu responses L22, N2e
gan + *bod* L21, N9a

gan + *i* L27, N7a
gan + verb-noun L28, N11a
go + adjective L28, N10a
gorfod (must) L34, N2a
gweld eisiau L22, N1d
gwnelwn responses L30, N12c
gwneud
    conditional form of L30, N12a
    auxiliary verb L26, N5a
gyda'n gilydd etc. L24, N3a

H

Habitual form L29, N5a
hardly L27, N9a; L29, N6a
heb forms L35, N6a
hen + verb-noun L24, N7a
hoffi
    conditional of L21, N6a

I

i (that) L32, N3a
i ba? L24, N8a
i bwy? L29, N3a
-*id* impersonal ending L32, N9c
i dy 'nôl di etc. L23, N10a
Impersonal forms
    L32, N9a, c (-*ir*, -*id*)
    L32, N7b (-*wyd*)
in case L23, N2a
in order to L23, N2a
Interrogatives
    i ba L24, N8a
    i bwy L29, N3a
    pwy sy â L35, N2a
    sawl gwaith L29, N5c
    tan pryd L26, N1e
-*ir* impersonal ending L32, N9a
i'w + verb-noun L30, N14a

L

leave (to) L28, N9a

M

medru responses L22, N2e
mine etc. L30, N6a
miss (to) L22, N1d
mynd â (to take) L24, N4a
myself etc. L22, N4a

N

na(d) (that) L34, N7a
na(d)
    os precedes L29, N4a
    pam precedes L31, N12a
naill ai ___ *neu* ___ L35, N8a
nes + *i* L26, N1d
newydd + verb-noun L24, N7a
Noun + *pwy* L23, N3a

O

o forms L31, N3a
oddi wrth forms L33, N4a
ofnadwy L31, N8a, c
on'd do? L25, N3d
on'd do fe? L24, N5a
on'd oes e? L21, N8a
o flaen L21, N10a
onibai am L35, N4a
olaf L25, N3c
on my own L22, N3a
os + *na(d)* L29, N4a
os + *taw* L26, N1g
Ordinals L33, N8
own (to) L33, N6a

P

pam + *na* L31, N12a
Parting expressions L23, N11
peidio (not) L30, N5a
peth (some) L32, N5a
piau L33, N6a

Prepositions
   Soft Mutation follow L26, N7a
Prepositions
   i follows L21, N7a
prin
   + *bod* L27, N9a
   + *y* L29, N6a

RH

rhag
   achub precedes L28, N4b
   rhwystro precedes L34, N1f
rhag ofn
   + *i* L23, N2a
   + *y/na* L33, N7a
rhai L32, N5a
rhwystro + *rhag* L34, N1f

S

sawl gwaith? L29, N5c
shall see L35, N3a
some L32, N5a
sut
   + *i* + verb-noun L35, N5a

T

Tags L27, N8a
take (to) L24, N4a
tan + *i* L26, N1d
tan pryd? L26, N1e
taw L22, N8a
that L34, N7a; L22, N8a
to which? L24, N8a

U

used to L25, N10a

V

Vocative
   soft mutation of L29, N10a

W

wedi cael ei L24, N5c
whether L25, N5a
who L29, N9a
who has/had? L35, N2a
whose? L23, N3a
will you? etc L23, N7a
-wyd
   impersonal ending L21, N4a

Y

y (that)
   efallai, gobeithio precedes L31, N2a
ychydig + *yn* L31, N5a
yn forms L23, N6a
yn arfer L25, N10a
yn dda 'da etc. L27, N6a
yn ein plith ni etc. L27, N1(viii)
yn erbyn etc. L32, N6a
yntê? L21, N5a
yn siŵr o L31, N11a

www.ingramcontent.com/pod-product-compliance
Lightning Source LLC
Chambersburg PA
CBHW081816300426
44116CB00014B/2388